Klaus Raggl

Das Handbuch für
echte Freude am Job

KREMAYR & SCHERIAU

Inhalt

Vorwort 7

Der Daumen – Die Aufgabe 17
Aufgaben sind Sinn und Zweck zugleich 19
Eine berufliche Laufbahn wie aus einem Guss 20
Wenn die intrinsische Motivation erlischt 22
Intrinsische Motivation 28
Extrinsische Motivation 30
Das ideale Zusammenspiel von intrinsischer Motivation,
Aufgabe und Erfolg 36
Ohne Motivation kein Unternehmenserfolg 40

Der Zeigefinger – Die Teamdynamik 49
Alles ist miteinander verbunden und wirkt zusammen 50
Auch der Vorgesetzte ist Teil des Teams 53
Der richtige Chef kann ein Team retten 65

Der Mittelfinger – Die Weiterentwicklung 91
Die Extra-Meile: Förderung der individuellen Entwicklung ... 92
Auf nicht eingehaltene Versprechen
folgt immer Enttäuschung 94
Vertrauen ist der »Kitt«, der alles zusammenhält 96
Geduld zahlt sich auf lange Sicht aus 103
Der Weg zur Weiterentwicklung wird frei 105
Potenziale erkennen und fördern 110

Der Ringfinger – Die Work-Life-Balance ... 127
Die Work-Life-Balance wird unterschiedlich definiert ... 128
Gefahr: Arbeit als Lebensinhalt ... 131
Alles eine Frage der Organisation ... 139

Der kleine Finger – Die Entlohnung ... 151
Geld ist nur ein Teil des Gesamtpakets ... 152
Wie viel Geld braucht man wirklich? ... 162
Der »kleine Finger« ist nicht zur Kompensation da ... 166

Die ganze Hand – Zusammenfassung ... 175
Beispiel Lisa ... 177
Beispiel Christian ... 181
Beispiel Joe ... 185
Beispiel Kathrin ... 189
Beispiel Barbara ... 192

Dank ... 197
Referenzen ... 199
Literatur ... 202
Weitere Buchtitel ... 205

VORWORT
Liebe Leserin und lieber Leser,

bist du zufrieden in deinem Job? Passen deine Aufgabe und das Umfeld? Und wenn du Personalverantwortliche:r bist: Herrscht eine gute Stimmung in deinem Team? Nein? Oder hast du daran Zweifel?

Dann bietet dir dieses Buch, egal, ob du ein Teammitglied oder eine Führungskraft bist, Impulse zum Nachdenken über die Gründe für deine Unzufriedenheit. Ich möchte dich mit dem Buch inspirieren, deinen Job von Zeit zu Zeit aus verschieden, auch neuen Blickwinkeln zu betrachten, damit du dir die Freude an deiner Arbeit erhältst. Es ist das Buch eines Praktikers für Praktiker:innen. Das ist mir wichtig.

Dass mich das Thema »Zufriedenheit« besonders in Bezug auf den Traumjob irgendwann einmal so stark beschäftigen würde, hätte ich zu Beginn meiner beruflichen Laufbahn nicht gedacht. Schon während des Studiums der Mechatronik war für mich klar, dass ich auch auf diesem Gebiet promovieren

VORWORT

wollte. Mich begeistert alles Technische und mich fasziniert die Materie mit all ihren Möglichkeiten, daraus etwas Neues zu entwickeln. Außerdem habe ich Freude daran, mit Menschen im Team zusammenzuarbeiten. Daran hat sich bis heute nichts geändert. Dennoch gab es im Laufe meiner Tätigkeiten Umstände und Ereignisse, die meine Zufriedenheit im Job getrübt und mich zum Nachdenken gebracht haben.

Meine Leidenschaft: Persönlichkeitsentwicklung und Leadership

Unabhängig davon setzte ich mich schon früh mit verschiedenen Ansätzen zu Führungsstilen und mit dem Thema »Persönlichkeitsentwicklung« auseinander. Mit wachsender Personalverantwortung wurde dieses Thema natürlich immer wichtiger für mich. In dem vorliegenden Ratgeber beziehe ich mich auf einige der Bücher, die mich besonders inspiriert haben.

Erst, als ich in meinem persönlichen Umfeld von verschiedenen Seiten mit der Thematik »Burnout« konfrontiert wurde, rüttelte mich das richtig auf. Ich hatte natürlich schon über das Phänomen gelesen und mich immer wieder mit Menschen aus diversen Berufsgruppen und Funktionen dazu ausgetauscht. Aber welche Dimensionen ein Erschöpfungszustand, bedingt durch den Job, tatsächlich haben kann, welche Entwicklungsstufen Betroffene durchlaufen und welche weitreichenden Auswirkungen eine solche »Ermüdung« auf die Person selbst, ihre Arbeit und ihr Umfeld hat, wurde mir erst anhand eines akuten Burnout-Falls in meinem nahen Bekanntenkreis vor

LIEBE LESERIN UND LIEBER LESER,

Augen geführt. Einen zentralen Punkt spielte dabei die Unzufriedenheit im Job. Ein Traumjob wurde zum Albtraum und endete mit einem gesundheitlichen Zusammenbruch. Ich stellte mir in Folge die Frage, ob diese Entwicklung hätte verhindert werden können und wenn ja, wie.

In diesem Zusammenhang begann ich, über meinen eigenen Werdegang zu reflektieren. Auch dieser war nicht immer von Zufriedenheit und Ausgeglichenheit geprägt.

Gleich zu Beginn meines Karrierestarts lief es nicht rund. Obwohl ich für ein namhaftes internationales Unternehmen arbeitete und zunächst eine interessante Aufgabe hatte, entwickelte sich alles anders, als ich es mir vorgestellt hatte. Mit wachsender Unzufriedenheit dachte ich über einen Wechsel des Arbeitgebers nach, den ich schließlich auch vollzog. Zu diesem Zeitpunkt hatte ich bereits ein einfaches, effektives Modell zur Überprüfung einer Arbeitssituation entwickelt. Es hakte zwar noch an einigen Stellen, aber die Grundidee schien zu funktionieren. Dieses Modell habe ich im Laufe der Jahre in vielen verschiedenen Situationen weiterentwickelt und perfektioniert. So wurde ich immer mehr für die Thematik sensibilisiert und stellte bald fest, dass mein Modell auch ein hilfreiches Reflexionstool in Mitarbeitergesprächen ist. In Folge befasste ich mich noch mehr damit, beobachtete meine Abteilung und andere Teams, tauschte mich mit vielen Menschen aus und glich alles immer wieder mit meinen persönlichen Erfahrungen ab.

VORWORT

Fünf zentrale Faktoren – Give me five!

Je tiefer ich in die Materie einstieg, desto deutlicher wurden mir bestimmte Zusammenhänge und Wechselwirkungen bewusst. Warum sind einige Menschen mit ihrem Job zufrieden und andere nicht? Äußere und innere Umstände sind dabei ebenso ausschlaggebend wie Aspekte der Motivation, des Zusammenwirkens von verschiedenen Kolleg:innen, dem Verhalten von Vorgesetzten, dem Wechselspiel von Arbeit und Privatem und der Anerkennung der eigenen Leistung – in Form von Lob, aber auch in Form von Gehalt.

Je öfter ich meine Reflexionsmethode anwandte und überprüfte, desto mehr kam ich zu dem Schluss: Fünf Faktoren sind entscheidend, über die sich die Zufriedenheit im Job definieren lässt und die je nach persönlicher Gewichtung von Bedeutung sind:

1. die Aufgabe
2. das Team
3. die Fort- und Weiterbildung
4. die Work-Life-Balance
5. Rewarding and Recognition, also Wertschätzung bzw. Anerkennung und Gehalt.

LIEBE LESERIN UND LIEBER LESER,

Diese fünf wesentlichen Punkte hängen wiederum von den Vorgesetzten, den Peergroups und dem eigenen Team ab. Als »Peers« werden Individuen oder Entitäten, Einheiten, bezeichnet, die auf ähnlicher bzw. gleicher Ebene oder mit vergleichbaren Fähigkeiten, Interessen oder Funktionen agieren. Eine Peergroup ist also eine Gruppe von Gleichgestellten, die sich typischerweise austauschen, zusammenarbeiten oder Informationen teilen, um gemeinsame Ziele zu erreichen und die sich gegenseitig durch ihre Zusammenarbeit unterstützen.

Die Zahl fünf brachte mich schließlich auf die Idee, die menschliche Hand als einfaches Instrument zur Analyse der individuellen Situation im Beruf einzusetzen. Unsere Hand besteht aus fünf Fingern und jeweils drei Gliedern – mit Ausnahme des Daumens. Jeder einzelne Finger hat verschiedene symbolische Bedeutungen. So wurde die Hand für mich zum Sinnbild für die Überprüfung des eigenen Jobs.

Der **Daumen** steht für die **Aufgabe**, der **Zeigefinger** ist das Sinnbild für das **Team**, der **Mittelfinger** verkörpert die **Fort- und Weiterbildung**, der **Ringfinger** steht für die **Work-Life-Balance** und der **kleine Finger** ist das Symbol für **Rewarding and Recognition**. Mehrfach habe ich das Sinnbild der Hand zur Reflexion meiner eigenen Situation ausprobiert und immer wieder war ich überrascht, wie einfach und hilfreich das Nachdenken auf dieser Basis ist.

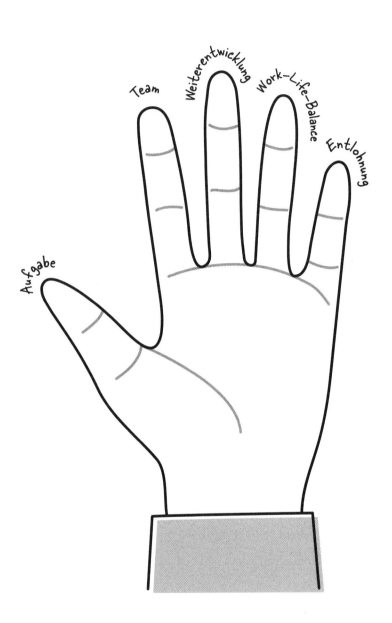

LIEBE LESERIN UND LIEBER LESER,

Damit war die Grundlage für das Buch, das du nun in den Händen hältst, geschaffen. Um Situationen, wie sie im beruflichen Alltag auftreten, darstellen zu können und dir anschauliche Beispiele vorzuführen, wann und wie du die Hand zur Überprüfung deiner eigenen Situation einsetzen kannst, entwickelte ich fünf fiktive Charaktere: Lisa, Kathrin, Barbara, Christian und Joe. Dahinter verbergen sich tatsächliche Geschichten und Begebenheiten unterschiedlicher Personen und meine eigenen Erfahrungen. Allerdings handelt es sich bei den fünf Charakteren naturgemäß um eher stereotype kompakte und gebündelte Personenbilder und Situationen, wie sie im wirklichen Leben nur selten auftreten würden.

Angebot zur Selbstreflexion

Mir war wichtig, durch meine bisweilen überscharfe plastische Darstellung Problematiken aufzuzeigen, wie sie im Berufsleben in verschiedenen Gewichtungen auftreten können. Die entsprechenden Lösungsansätze sind aus den Erfahrungen anderer und aus meinen eigenen Erfahrungen erwachsen. Es sind Angebote, die dir in schwierigen Phasen deines Arbeitslebens helfen sollen – mithilfe der Hand-Reflexionstechnik. Wichtig ist mir, dass du, wenn du beginnst, mit deinem Job unzufrieden zu sein, nicht vergisst, dass Geld nicht alles ist. Denn allzu leicht verstecken sich hinter einer Forderung nach mehr Geld eigentlich andere Wünsche und Anforderungen an den Job. Ein gutes und faires Gehalt sollte kein Schmerzensgeld sein. Es gibt immer Alternativen dazu – man kann auch ohne mehr Geld Zufriedenheit im Beruf erlangen. Genau diese Alter-

VORWORT

nativen möchte ich dir aufzeigen und näherbringen und dich zum Nachdenken darüber anregen.

Wichtig ist mir auch: Dieses Buch soll und kann natürlich keine professionelle Hilfe ersetzen. Auch erhebt es keinerlei Anspruch auf Vollständigkeit, denn das Thema »Zufriedenheit im Job« ist zu vielschichtig und breit, als dass ich diesen jemals stellen würden. Zudem handelt es sich um ein zutiefst individuelles Thema. Was für den einen annehmbar ist, ist es für den anderen nicht. Wir alle haben unterschiedliche Erfahrungen gemacht, sind durch verschiedene Einflüsse geprägt und haben abweichende Wahrnehmungen. Mir ist ebenfalls bewusst, dass einige Ausführungen auf den ersten Blick sehr theoretisch klingen mögen. Nun: Ohne Theorie keine Praxis und umgekehrt. Zudem werden sich manche Berufsgruppen in diesem Buch nicht wiederfinden. Es ist schlicht unmöglich, auf alle Fälle und Gegebenheiten einzugehen. Trotzdem soll das Buch möglichst vielen Menschen als Impulsgeber dienen und Denkanstöße liefern, nicht mehr und nicht weniger.

Ich wünsche mir, dass dieses Buch gerade denjenigen eine Unterstützung bietet, die sich in einer schwierigen Phase ihres Jobs befinden, so dass sie nach der Lektüre und Anwendung der Denkstrategien gestärkt daraus hervorgehen und sagen können: Welcome back, Traumjob!

Viel Spaß beim Lesen!

Dein Klaus Raggl

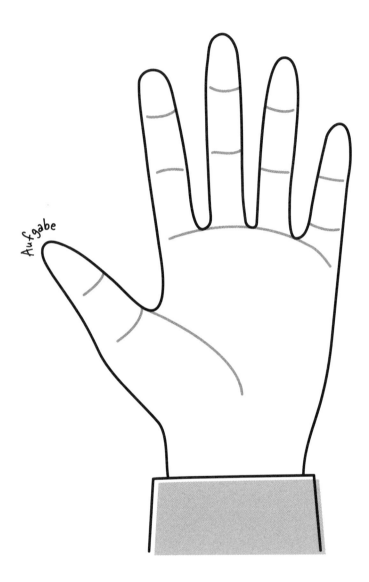

DER DAUMEN
Die Aufgabe

Hast du dich beim Betrachten deiner Hand schon einmal gefragt, warum der Daumen eigentlich »Daumen« heißt und nicht »dicker« oder »äußerer Finger«? Alle Gliedmaßen der Hand werden »Finger« genannt, nur der Daumen hat einen eigenen Namen. Er ist eben ein besonderer Finger. Das liegt vor allem an seiner Anatomie. Im Gegensatz zu allen übrigen Fingern hat er nur zwei Knochen, die zudem stärker ausgebildet sind. Außerdem ist seine Position im Vergleich zur gesamten Hand etwas versetzt. Schließlich lässt sich der Daumen seitlich zum Handteller drehen. Er ist also opponierbar und kann dadurch die Fingerspitzen der anderen Finger berühren. Durch ihn sind wir dazu in der Lage, etwas präzise und fest zu greifen oder zu halten.

Symbolisch gesehen hat der Daumen verschiedene Bedeutungen. Im positiven Sinne bedeutet »Daumen hoch«: Das passt, etwas oder jemandem wird zugestimmt oder etwas ist gut gelaufen bzw. man war erfolgreich. Mit etwas Negativem wie Misserfolg, keine Zustimmung oder Ablehnung verbinden wir »Daumen runter«. Daneben gibt es weitere Bedeutungen, die entweder in einem kulturellen oder einem individuellen Kontext stehen. Der Daumen erfüllt also eine zentrale Aufgabe und ist darüber hinaus ein aussagekräftiges Symbol.

Aufgaben spielen in unserem Leben eine entscheidende Rolle. Es ist dabei unerheblich, ob es sich um private Angelegenheiten handelt oder um Berufliches. Ohne Aufgaben wären wir ziellos. Wir würden einfach nur sein – ohne Sinn. Eine solche Existenz stellt aber unser Selbstverständnis, unser Wesen, unser Selbstwertgefühl, ja, im Grunde unser ganzes Leben in Frage.

Täglich erfüllen wir unterschiedliche Aufgaben. Über manche machen wir uns keine Gedanken. Wir erfüllen sie einfach wie eine Rolle, z. B. die Rolle einer Mutter oder eines Freundes. Oder wir gehen automatisch einem Hobby nach, das uns Freude macht. Daneben gibt es Aufgaben, derer wir uns bewusstwerden, wenn man sie uns anträgt, beispielsweise innerhalb der Familie, in der Gesellschaft oder im Beruf. Einige Aufgaben erfüllen wir gern, andere eher mit Widerwillen.

Und es gibt Situationen, in denen wir froh sind, scheinbar keine Aufgabe zu haben. Denke nur an den Strandurlaub: den ganzen Tag in der Sonne liegen, den Wellen zuschauen, zwischendurch baden gehen und ansonsten nichts tun. Viele von uns halten das eine Zeitlang gut aus. Dann fangen die meisten aber an, sich zu beschäftigen, eine Aufgabe zu suchen: eine Strandburg zu bauen, die Gegend zu erkunden oder ein Buch zu lesen.

Warum wir das tun? Weil Aktivitäten uns Freude bereiten, uns erfüllen und ihr Ergebnis uns zufrieden macht.

AUFGABEN SIND SINN UND ZWECK ZUGLEICH

Aufgaben sind also von elementarer Bedeutung für uns. Sie können vielfältig sein und sich auf verschiedene Lebensbereiche beziehen, wie zum Beispiel die Arbeit, die Familie, die Gemeinschaft oder persönliche Ziele. Aufgaben geben uns einen Zweck, und wenn wir sie gut erfüllen, verleihen sie unserem Dasein einen tieferen Sinn und unserem Leben eine Richtung.

Aufgaben können darin bestehen, anderen zu helfen, Wissen zu teilen, kreative Projekte zu verwirklichen, eine Familie zu versorgen oder einen positiven Einfluss auf die Gesellschaft auszuüben. An ihnen können wir unser persönliches Wachstum messen, mit ihnen können wir unsere Talente entfalten oder unsere Leidenschaft ausleben. Aufgaben treiben uns an, geben uns das Gefühl, etwas Wertvolles zum Leben beizutragen, und sie erfüllen unser Leben mit einem Zweck.

Was eine sinnvolle, gute Aufgabe ist, bedeutet für jeden Menschen etwas anderes. Was für eine Person sinnvoll und erfüllend ist, ist es für eine andere Person möglicherweise nicht. Denn jeder Mensch hat unterschiedliche Werte, Ziele und Leidenschaften. Letztlich machen eine Aufgabe und ihre Erfüllung es möglich, dass wir als Menschen ein Leben führen können, das wir für sinnvoll halten. Eine Aufgabe und das mit ihr verbundene Ziel sorgen für Energie, Inspiration und Motivation. Die Aufgabe ist damit eine Quelle der Selbstverwirklichung und hilft uns, Hindernisse zu überwinden und Neues zu entdecken. Aufgaben sind der Grund, warum wir jeden Tag aufstehen und unser Bestes geben. Da sie eine bedeutende Rolle in unserem beruflichen und privaten Leben spielen, sind sie dem Daumen als Symbol zugeordnet – denn er ist der wichtigste Finger unserer Hand. Wie sehr Aufgaben unser Leben beeinflussen, möchte ich dir an zwei Beispielen zeigen, und zwar an den Karrieren von Lisa und Kathrin.

EINE BERUFLICHE LAUFBAHN
WIE AUS EINEM GUSS

 Beginnen wir mit dem Beispiel von Lisa:

Schon während der Schulzeit war für Lisa klar: Sie will etwas bewirken, gestalten und Verantwortung übernehmen. Eine genaue Vorstellung von ihrem Traumjob hatte sie zu diesem Zeitpunkt zwar noch nicht, aber es sollte etwas mit Forschung oder Entwicklung in Verbindung mit Management sein. Lisa war neugierig, Neuem gegenüber aufgeschlossen und hatte Spaß daran, sich auch Herausforderungen zu stellen. Sie war Klassensprecherin und setzte sich auch sonst engagiert für andere ein. Naturwissenschaften faszinierten sie und so verwunderte es auch niemanden, dass Lisa sich entschloss, an einer renommierten Universität Physik zu studieren. Sie hatte Interesse an diesem Fach und ihre Noten waren überdurchschnittlich. Sowohl das Studium als auch die Promotion zur Doktorin absolvierte sie mit Leichtigkeit, obwohl – oder vielleicht gerade weil sie zwischenzeitlich für zwei Auslandssemester in die USA ging. Nach dem Studium brauchte sie sich nicht, wie viele Studienkolleg:innen, aktiv um eine Anstellung bewerben. Sie hatte bereits mehrere Angebote von Unternehmen in der Tasche, die während des letzten Studienjahrs bei verschiedenen Gelegenheiten auf sie aufmerksam geworden waren. Lisa konnte sich aussuchen, wo sie anfangen wollte.

Eines der Angebote weckte Lisas besonderes Interesse. Es war ein internationales Consulting-Unternehmen, das sich auf die Beratung von Automatisierungs- und IT-Firmen spezialisiert hatte. Die Forschungs- und Entwicklungsabteilung spielte in der Firma eine große Rolle. Dieser Job entsprach genau Lisas Vorstellungen. Sie kannte das Unternehmen bereits, weil sie dort während des Studiums ein längeres Praktikum gemacht hatte. Lisa wollte aber ihre berufliche Laufbahn nicht gleich nach dem Studium starten, sondern erstmal ein Jahr lang die Welt erkunden. Schließlich hatte sie bis dahin konsequent und ohne nennenswerte Auszeit ihren Weg verfolgt. Das Unternehmen zeigte sich verständnisvoll und verschob Lisas Einstellung.

Ein Traum erfüllt sich

Sofort nach ihrer Weltreise konnte Lisa in dem Beratungsunternehmen anfangen. Aufgrund ihres offen gezeigten Interesses wurde ihr bereits während der Einführungsphase ein kleines Projekt anvertraut. Sie hatte keine Berührungsängste und ging in ihrer Aufgabe auf. Wenn sich Möglichkeiten zur Fortbildung ergaben, nutzte Lisa sie sofort. Sie saugte neues Wissen förmlich auf, brachte sich ein, entwickelte eigenständig Konzepte und erwies sich als hervorragende Teamplayerin. Lisa machte ihre Arbeit Spaß, der Job füllte sie aus. Das sahen auch die Personalverantwortlichen des Unternehmens so und sie förderten Lisas Karriere.

Aufgrund ihres Engagements und profunden Wissens wurde Lisa schließlich die Leitung eines Filialbüros in einer anderen Stadt in Aussicht gestellt. Über diese Perspektive freute sie sich sehr. Ihre Entscheidung, für die Consultingfirma tätig zu sein, bereute sie bis zu diesem Zeitpunkt nicht. Im Gegenteil: Die Arbeit war für sie ein 100-prozentiger Volltreffer. Was Lisa jedoch zu diesem Zeitpunkt nicht wusste und auch nicht wissen konnte: Das Unternehmen würde ihr die Leitung der Filiale letztlich doch nicht übertragen. Warum? Das werden wir später erfahren (vgl. Kapitel »Mittelfinger / Weiterentwicklung«).

WENN DIE INTRINSISCHE MOTIVATION ERLISCHT

KATHRIN Kathrins Ausbildungs- und beruflicher Weg verlief zunächst ähnlich wie Lisas: Sie absolvierte die Schule ohne Probleme und hatte Freude am Lernen. Auch sie war engagiert, übernahm im Sportverein Verantwortung und war vielseitig interessiert. Kommunikation war ihre große Stärke und sie entdeckte früh ihr Talent für Design. Anders als Lisa wusste Kathrin nach ihrem Schulabschluss allerdings nicht, ob sie studieren oder eine Lehre machen sollte. Aber für sie stand fest: Ein Job im Marketing oder in der Werbung sollte es sein. Sie ließ sich Zeit für ihre berufliche Entscheidung und jobbte nach der Schule in der Gastronomie, weil sie Geld für eine große Reise verdienen wollte.

Nach ihrer Reise wusste Kathrin noch immer nicht genau, in welche Richtung sie gehen sollte. Um das herauszufinden, entschloss sie sich zu mehreren Praktika in Werbeagenturen. Sie merkte dabei, dass ihr Grafik weniger lag als Marketing. Das war ihre Welt. Hier blühte sie auf und begann, ihr Potenzial zu entfalten. Um ihre Kenntnisse professionell und fundiert zu verbessern, schrieb sie sich an einer guten Universität für das Fach »Kommunikationswissenschaft« ein. Kurz vor ihrer Arbeit zum Master bewarb sie sich bei einigen Unternehmen. Alle ihre Bewerbungen stießen auf ein positives Echo. Schließlich entschied sie sich für ein Bekleidungsunternehmen, das zu einer Modekette gehörte. Sie bekam die Chance, gleich die Marketingleitung zu übernehmen, weil ihr Vorgänger in Ruhestand ging.

Erfüllende Aufgaben bringen Erfolg und Zufriedenheit

Schon bei der Einarbeitung in das Unternehmen und in ihre Position als Bereichsleiterin stellte sie fest, wie eingestaubt alles war und dass das Marketing nicht mehr der Zeit entsprach (Stichwort »Business as usual«). Für Kathrin war das die Gelegenheit, sich in mehrfacher Hinsicht zu beweisen. Der Zustand ihrer Abteilung und des gesamten Marketings war für sie wie ein weißes Blatt Papier, das sie beschreiben und gestalten konnte. Ihre Vorgesetzte, die Geschäftsführerin des Unternehmens, gewährte ihr dabei freie Hand. Kathrins gesamtes Wissen und alle ihre Talente kamen zum Einsatz und sie vollzog in relativ kurzer Zeit einen erfolgreichen Imagewandel für die Firma. Durch ihre Arbeit nahm das Unternehmen wieder Fahrt auf, gewann neue Zielgruppen und die Umsätze stiegen. Sie baute sich dadurch nicht nur hausintern einen Ruf auf, sondern auch innerhalb der gesamten Branche. Gern lud man sie deswegen zu Vorträgen rund um ihre Arbeit ein. Kathrin hatte es geschafft: Sie hatte ihren Traumjob gefunden.

Das sollte jedoch nicht von Dauer sein. Wenige Jahre später wurde das Bekleidungsunternehmen, für das Kathrin so erfolgreich tätig war, in einen größeren Konzern integriert. Kathrins Abteilung blieb zwar bestehen, wurde aber größer. Auch ihre Vorgesetzte behielt ihre Position in dem neuen Unternehmen. Für Kathrin jedoch änderten sich die Aufgabenfelder und Themen: Sie wurden umfangreicher. Statt sich nur auf eine Marke zu konzentrieren, ging es jetzt darum, mehrere Marken, unterschiedlichste Produkte und die Neustrukturierung des Marketings durch die Eingliederung in den Konzern unter einen Hut zu bekommen. Obwohl nun alles eine Dimension größer und verantwortungsvoller wurde, stürzte sich Kathrin erwartungsgemäß mit vollem Elan in die neue Aufgabe. Sie begriff diese Herausforderung erneut als Chance, sich weiterzuentwickeln, Neues zu lernen und einmal mehr ihre Handschrift zu hinterlassen, so wie sie es bereits in der alten Firma mit Erfolg getan hatte.

Frust und Ungewissheit nehmen jede Motivation

Schon bald merkte sie jedoch Einschränkungen; ihre früheren Freiheiten hatte sie nicht mehr. Sie musste jetzt alles durch ihre Vorgesetzte freigeben lassen. Diese traf nun all die finalen Entscheidungen, die Kathrin früher eigenständig und ohne Nachfragen treffen konnte. Ihre Ideen konnte sie nicht mehr einfach so umsetzen. Sie wurden in Meetings diskutiert und die Entscheidungsprozesse zögerten sich hinaus. Ideen wurden umständlich ergänzt, aufgebläht oder so reduziert, dass für Kathrins Geschmack nicht nur ihr Ursprung, sondern auch die Wirkung verblasste. Außerdem wurden einige der früheren, erfolgreichen Maßnahmen, die Kathrin adaptieren wollte, über ihren Kopf hinweg gestrichen und durch neue Linien ersetzt. Mit der Zeit fand Kathrin ihre Arbeit eher ermüdend statt belebend. Zwar war der neue Konzern in einigen Dingen großzügiger als Kathrins alte Firma und die Geschäftsführung versuchte das Team durch verschiedene Incentives zu motivieren, aber Kathrin war immer öfter von der Arbeit frustriert.

Leider sollte es noch schlimmer für sie kommen. Nicht einmal ein Jahr nach der Integration von Kathrins früherem Arbeitgeber in den größeren Konzern wurde dieser von einem noch größeren Mitbewerber gekauft. Das kam völlig überraschend und ohne irgendwelche Anzeichen. Als sich die Nachricht verbreitete, nahm Kathrin diesen Schritt für sich selbst als Stillstand, wenn nicht sogar als Rückschritt wahr: Wieder alles auf Anfang? Nicht nur das: Für Kathrin brach auch eine Welt zusammen, denn durch Zufall erfuhr sie, dass ihre Vorgesetzte bereits bei der Integration ihrer alten Firma in den neuen Konzern vom nunmehrigen Aufkauf gewusst hatte (vgl. Kapitel »Zeigefinger / Team«). Die ganze Arbeit, der ganze Aufwand des zurückliegenden Jahres: alles umsonst. Was für Kathrins Kolleg:innen eine unerwartete neue Erfahrung war, bedeutete für sie weitaus mehr als nur ein Déjà-vu. Sie war verunsichert, wütend, ja verzweifelt. Was würde jetzt kommen? Wie sollte es weitergehen, müsste sie wieder von vorn anfangen? Sollte sie das Unternehmen wechseln oder doch bleiben? All das warf viele weitere Fragen auf. Nur zögerlich entschied sie sich, zu bleiben und mit in den jetzt wieder neuen Konzern zu gehen.

Seite 49 ff.

Die innere Kündigung geht der tatsächlichen voraus

Schon bald wurde Kathrins Vorgesetzte zu einem generellen Meeting zwischen Geschäftsführer:innen und Vorstand in die Zentrale des neuen Eigentümerkonzerns bestellt. Als die Vorgesetzte vom Meeting zurückkam, teilte sie eine komplette Umstrukturierung mit. Nichts sollte mehr so bleiben, wie es war. Die Geschäftsführerin sollte in die Zentrale versetzt werden, von der aus ab sofort nun auch das gesamte Marketing geleitet würde, das jetzt voll und ganz auf die Linie des neuen Eigentümers ausgerichtet werden sollte. Mitarbeiter:innnen würden entlassen werden und die, die noch übrigblieben, hätten lediglich die Vorgaben aus der Zentrale zu erfüllen. Es gebe keinen Raum mehr für eigene Ideen, Kreativität oder autonome Entscheidungen. Fassungslos nahm Kathrin den Beschluss auf. Sie blieb zwar zunächst in der Abteilung und hatte die

Verantwortung dafür inne, aber ihre Arbeit machte ihr keinen Spaß mehr. Fort waren die Freude und der Elan von einst. Ihre neue Aufgabe füllte sie nicht mehr aus. Sie arbeitete ständig gegen ihr Verständnis von einer sinnvollen, zweckerfüllenden Arbeit an. Ihre intrinsische Motivation war verschwunden und sie fragte sich: Wofür habe ich die letzten Jahre gearbeitet?

Mit jedem Tag, den Kathrin nun in der Firma verbrachte, spürte sie, wie die Enttäuschung, die fehlende Perspektive und das unpersönliche, kalte Umfeld sie belasteten. Sie war sich sicher: Nur ein neuer Job mit einer sinnstiftenden Aufgabe würde sie wieder motivieren und zurück ins Gleichgewicht bringen können. Aber den passenden Zeitpunkt für eine Kündigung ließ Kathrin verstreichen. Stattdessen machte sie weiter, versuchte ihr Bestes zu geben und brannte dabei mehr und mehr aus. Eines Tages war es dann so weit: Kathrin musste mit einem Burnout in den Krankenstand gehen.

DER DAUMEN

INTRINSISCHE MOTIVATION

Du siehst: So ähnlich beide Beispiele zunächst auch sein mögen, so unterschiedlich haben sich die beruflichen Wege von Lisa und Kathrin entwickelt. Aus Kathrin, einer intrinsisch motivierten Frau, die Spass an ihren Möglichkeiten und ihrer Arbeit hatte und die Chancen für die Weiterentwicklung ihrer Talente, Fähigkeiten und für ihre Persönlichkeit nutzte, wurde durch sinnlose Aufgaben eine frustrierte Frau.

> Ursprünglich wurde die Selbstbestimmungstheorie der Motivation durch theoretische Überlegungen und Feldforschungen von Deci und Ryan (1987) entwickelt. Sie behaupteten:
>
> »... dass jeder Mensch drei grundlegende psychologische Bedürfnisse hat, die ausschlaggebend für die Motivation sind: Autonomie in Form eines Kontrollgefühls in seinem Leben, soziale Eingebundenheit durch eine Verbindung zu anderen, also einem Zugehörigkeitsgefühl, und Kompetenz, d. h., sich in einem bestimmten Aufgabenbereich leistungsfähig zu fühlen. Die Selbstbestimmungstheorie von Deci & Ryan ist in der Psychologie eines der wichtigsten Erklärungsmodelle für die Wirksamkeit der intrinsischen Motivation.« (Stangl, 2023).[1]

Ein Schlüssel, wenn nicht sogar **der** ausschlaggebende Faktor für die Freude an der Arbeit oder der Aufgabe ist die intrinsische Motivation. Dabei geht es um den Antrieb, der aus dem eigenen Inneren kommt. Mit der intrinsischen Motivation befasst sich die Wissenschaft – genauer die Psychologie – seit den 1970-ger Jahren, besonders die beiden amerikanischen Psychologieprofessoren Edward L. Deci und Richard M. Ryan.

Die Psychologen Deci und Ryan gehen davon aus, dass Menschen von Natur aus den Drang haben, ihr Verhalten selbst zu bestimmen, autonome Entscheidungen zu treffen und ihre Potenziale zu entfalten.

Ihre Theorie beschreibt drei grundlegende psychologische Bedürfnisse, die für die Motivation und das Wohlbefinden von Menschen entscheidend sind:

→ das Bedürfnis nach Autonomie: Wir Menschen haben grundlegend das Bedürfnis, uns frei und selbstbestimmt zu fühlen, unsere eigenen Entscheidungen zu treffen und unser Verhalten mit unseren eigenen Werten und Interessen in Einklang zu bringen.

→ das Bedürfnis nach sozialer Eingebundenheit: Wir streben gleichzeitig nach Verbundenheit, sozialer Unterstützung und positiven zwischenmenschlichen Beziehungen. Wir wollen uns in Gemeinschaften eingebettet und mit anderen verbunden fühlen.

→ das Bedürfnis nach Kompetenz: Wir haben zudem den Wunsch, unsere Fähigkeiten zu entwickeln, uns Herausforderungen zu stellen und ein Gefühl der Effektivität und Kompetenz zu erleben. Wir möchten das Gefühl haben, dass wir Aufgaben erfolgreich bewältigen können.

Die Selbstbestimmungstheorie betont die Bedeutung intrinsischer Motivation, bei der das Verhalten aufgrund des persönlichen Interesses und der Freude an der Aktivität selbst ausgeführt wird. Intrinsische Motivation wird als natürlicher, gesunder Zustand angesehen und gefördert, wenn die genannten drei grundlegenden psychologischen Bedürfnisse erfüllt sind.

EXTRINSISCHE MOTIVATION

Neben der intrinsischen Motivation gibt es die extrinsische Motivation, die von außen erwirkte Motivation. Auch dieser Aspekt wird von Deci und Ryan beschrieben. Hierbei geht es um das Verhalten, das entweder durch äußere Belohnungen oder Bestrafungen motiviert wird. Es wird zwischen kontrollierter extrinsischer Motivation – durch Druck oder Zwang – und autonomer extrinsischer Motivation – durch freiwillige Akzeptanz von Zielen – unterschieden. Die kontrollierte extrinsische Motivation kann die intrinsische Motivation beeinträchtigen, während die autonome extrinsische Motivation sie unterstützen kann.

Zur autonomen extrinsischen Motivation gehören positive Anreize, sogenannte Incentives, wie beispielsweise Akkordlohn, Dienstautos, Firmenevents oder auch die Aussicht auf eine rasche Beförderung (vgl. Kapitel »Kleiner Finger / Entlohnung«). ▶ Seite 151 ff. Drohungen, Kürzungen oder Zwangsversetzungen sind hingegen Repressalien, die zur kontrollierten extrinsischen Motivation zählen.

Der österreichische Psychiater und Psychotherapeut Raphael Bonelli setzt sich ebenfalls mit der intrinsischen Motivation auseinander. Sein Augenmerk liegt dabei auf den Auswirkungen von Perfektionismus auf die psychische Gesundheit und persönliche Entwicklung. Seine Theorie macht einen Unterschied zwischen Gewissenhaftigkeit, die ein funktionales Perfektionsstreben darstellt, und Perfektionismus, der ein dysfunktionales Perfektionsstreben ist:

»Der Unterschied in der Bedeutung der beiden Begriffe ist ein psychodynamischer: Gewissenhaftigkeit ist ein gesundes Streben, nicht zuletzt, weil sie intrinsisch motiviert ist. Der Perfektionismus ist hingegen eine extrinsische Motivation.«[2]

Perfektionismus kommt nicht aus uns selbst. Je mehr Angst im Spiel ist, umso größer wird der Neurotizismus und umso extrinsischer ist die Motivation. Bonelli sieht diesbezüglich eine Verbindung zu der Big-Five-Theorie.

DAS FÜNF-FAKTOREN-MODELL (FFM)

»Das Fünf-Faktoren-Modell oder die Big-Five-Theorie ist ein Ansatz zur umfassenden Beschreibung der menschlichen Persönlichkeit. Diese fünf Faktoren sind das Resultat jahrzehntelanger Persönlichkeitsforschung und gelten als die empirisch mit am besten nachgewiesenen Persönlichkeitsmerkmale (Differentielle Psychologie) in jedem Menschen.«[3]

In diesem Forschungsansatz steht die so genannte »lexikalische Hypothese« im Mittelpunkt. Sie besagt, dass alle relevanten Aspekte der menschlichen Persönlichkeit in den Eigenschaftswortgruppen einer Sprache zu finden sind. Grundlage der Untersuchung waren daher alle Eigenschaftswörter, die in Lexika wie dem deutschen oder dem amerikanischen zu finden sind. Diese Wörter wurden zunächst zu Gruppen zusammengefasst und in Untersuchungen zur Selbst- und Fremdbeschreibung von Personen verwendet. Die Ergebnisse der Auswertungen wurden dann in der Regel faktorenanalytisch untersucht. Mit Hilfe dieser Methode konnten Gruppen von Eigenschaftswörtern identifiziert werden, die ähnliche Persönlichkeitsmerkmale erfassen. In zahlreichen Untersuchungen hat sich herausgestellt, dass insgesamt fünf wichtige Faktoren ausreichen, um die Persönlichkeit zu beschreiben. Diese Big Five umfassen:

→ Neurotizismus: Neigung zu emotionaler Labilität, Ängstlichkeit und Traurigkeit

→ Extraversion: Neigung zu Geselligkeit und Optimismus; Gegensatz: Introversion als Neigung zur Zurückgezogenheit

→ Offenheit für Erfahrungen: Neigung zu Neugier und Interesse an neuen Erfahrungen

→ Verträglichkeit: Neigung zu Altruismus, Kooperation und Nachgiebigkeit

→ Gewissenhaftigkeit: Neigung zu Disziplin, hoher Leistungsbereitschaft und Zuverlässigkeit.

In diesem Zusammenhang sei darauf hingewiesen: Das Fünf-Faktoren-Modell oder die Big-Five-Theorie ist nicht zu verwechseln mit dem meistverkauften Sachbuch der Welt – »The Big Five for Life – Was wirklich zählt im Leben« von John Strelecky. Das Buch handelt von den fünf wichtigsten Zielen oder Erfahrungen, die im Leben eines Menschen von Bedeutung sind. Strelecky verwendet eine fiktive Geschichte, um die Konzepte und Prinzipien des Buches zu veranschaulichen. Dabei geht es darum, dass man sich dessen bewusst wird, was wirklich wichtig für einen ist und wie man diese Prioritäten in sein Leben integrieren kann. »The Big Five for Life« regt dazu an, über das eigene Leben nachzudenken, Prioritäten zu setzen und bewusster zu leben.

Es hat vielen Menschen dabei geholfen, Klarheit über ihre Ziele und Werte zu gewinnen und ihr Leben entsprechend auszurichten. Strelecky postuliert, es gehe im Leben und bei der Arbeit nicht mehr darum, Geld zu verdienen. Das Ziel solle vielmehr sein, durch seine Arbeit persönliche Erfüllung zu finden – also den Zweck deiner Existenz. Strelecky verwendet dafür in seinem Buch die Abkürzung »ZDE«. Es steht für »Zukunft – dieser / dein Einfluss« – im englischen Original: »Future – This Influence«. Ich gehe hier nicht tiefer auf das Buch ein, denn das würde den Rahmen sprengen. Ich halte es allerdings für wichtig, es an dieser Stelle zu erwähnen. Es ist nicht nur lesenswert, sondern auch eine gute Ergänzung zu der Thematik, die ich in meinem Buch erörtere.

Intrinsische Motivation kann durch verschiedene Methoden gefördert oder gehemmt werden. Auf ihrer Basis können pädagogische und organisatorische Strategien entwickelt werden, um die intrinsische Motivation zu stärken und das Wohlbefinden und die Leistungsfähigkeit der Menschen zu verbessern. Das Verständnis von intrinsischer Motivation hilft aber auch, das eigene Handeln, das Verhalten anderer, die Situation, in der man sich gerade befindet, Hemmnisse und fördernde Faktoren zu analysieren, zu begreifen und entsprechend zu nutzen.

Soweit die theoretischen Aspekte. Du siehst, wie wichtig die Motivation, die innere Einstellung, das gewissenhafte Erledigen der Aufgaben und damit auch die Quantität und Qualität der Arbeit sind. In meiner langjährigen Berufslaufbahn in verschiedenen Positionen habe ich die eben angesprochen Punkte oft beobachtet. Die zu erfüllenden Aufgaben – unabhängig davon, ob sie explizit definiert werden oder aus der ausgeübten Tätigkeit in eigenständiger Arbeit resultieren – und die Art und Weise, wie sie erledigt werden, sind der zentrale Schlüssel.

Im Prinzip kann jede:r die Art und Weise, wie er oder sie eine Aufgabe erledigt, leicht überprüfen. Das fängt bei der Herangehensweise an. Sieht man Sinn in einer Tätigkeit und macht sie Spaß, fällt die Umsetzung leicht. Man ist bemüht, das beste Ergebnis zu erzielen. Gefällt die Aufgabe aus einem Grund nicht oder erkennt man ihren Sinn nicht, erfüllt man sie mit mehr oder weniger Widerwillen.

Versuche, dich an einen Moment zu erinnern, in dem du eine Aufgabe nur widerwillig erfüllt hast. Das fühlte sich nicht gut an, richtig? Und es regte sich Widerstand in dir. Wahrscheinlich brauchtest du länger für die Aufgabe oder du hast sie, nur um fertig zu werden, rasch erledigt – mit entsprechendem Ergebnis. Die Aufgabe raubte dir Energie. Nun stell dir vor, du würdest solche Aufgaben jeden Tag erledigen. Das würde dich müde machen und innerlich langsam aushöhlen. Unbefriedigend, oder? Entscheidend ist die Frage, ob die positiven, sinnstiftenden Aufgaben in Summe bei deiner Arbeit überwiegen oder nicht. Falls nicht, ist es höchste Zeit, darüber nachzudenken, ob dein Job noch zu dir passt.

Ganz anders ist das bei Aufgaben, die dir Freude bereitet haben, für dich sinnvoll waren und bei deren Erledigung du dich entfalten konntest. Diese Arbeiten hast du gern ausgeführt – du verspürtest Zufriedenheit bei der Erledigung.

DAS IDEALE ZUSAMMENSPIEL VON INTRINSISCHER MOTIVATION, AUFGABE UND ERFOLG

Nun zurück zu Lisa und Kathrin. Betrachten wir vor dem Hintergrund der Theorien von Deci und Ryan sowie dem Modell von Bonelli beide Geschichten noch einmal.

Lisa ist ein Musterbeispiel für das Zusammenwirken von intrinsischer Motivation und beruflichem Erfolg. Sie war seit ihrer Schulzeit von innen heraus angetrieben, ihre eigenen Entscheidungen zu treffen und ihre Potenziale zu entfalten.

DIE AUFGABE

Lisa hatte ein starkes Bedürfnis nach Autonomie, Kompetenz und sozialer Eingebundenheit. Nicht zuletzt diese Voraussetzungen führten dazu, dass Lisa sich für ein Studium entschied, das ihren Interessen entsprach, und dass sie während ihres Studiums herausragende Leistungen erbrachte. Als Lisa dann einen Job nach ihren Wunschvorstellungen in einem Consulting-Unternehmen bekam, war sie von Beginn an motiviert und engagiert. Sie war bereit, sich einzubringen, Neues zu lernen und Verantwortung zu übernehmen. Ihr intrinsisches Motivationsniveau führte dazu, kontinuierlich Fortbildungen zu nutzen und sich beruflich und persönlich weiterzuentwickeln. Ihre Arbeit bereitete ihr täglich Freude.

Auch das Unternehmen erkannte Lisas Engagement und ihre Fähigkeiten, woraus schließlich das Inaussichtstellen der Leitung eines Filialbüros resultierte. Obwohl diese mögliche Position mit neuen Herausforderungen und Verantwortlichkeiten verbunden war, sah Lisa darin eine weitere Chance, um in ihrer Karriere erfolgreich voranzukommen – das war ihre intrinsische Motivation.

Sicherlich haben bei Lisa neben der in den Raum gestellten Beförderung zur Filialleitung auch Anreize von außen, wie etwa Incentives – über die wir zwar nichts Konkretes wissen, von denen aber auszugehen ist – ihre intrinsische Motivation gefördert und verstärkt. Das alles führte zu einem erfüllten und erfolgreichen Berufsleben.

DER DAUMEN

Es ist daher davon auszugehen, dass bei Lisa eine Kausalität und eine Wechselwirkung von innerer Motivation und positiver Gewissenhaftigkeit vorliegt. Doch das birgt auch Gefahren in sich! Intrinsische Motivation ist gut und Gewissenhaftigkeit ebenfalls, wenn beides in einem gesunden Verhältnis zueinandersteht. Führt die intrinsische Motivation aber dazu, es mit dem Ehrgeiz und der Gewissenhaftigkeit zu übertreiben, gerät man – meistens ohne es zu bemerken – in eine Spirale, die dazu führen kann, dass man ausbrennt. Trotzdem lässt sich feststellen, dass Lisas »Daumen« in Summe und in Bezug auf ihre Aufgabe, die ihr Freude bereitet, »grün« ist.

Wenn die Sinnhaftigkeit schwindet

Das Beispiel von Kathrin hingegen illustriert die Bedeutung intrinsischer Motivation – und wie deren Schwinden zu Unzufriedenheit und Frustration führt. Wie bei Lisa beflügelte die intrinsische Motivation auch Kathrin während ihrer Ausbildung und ihres beruflichen Aufstiegs. Sie fand Freude an der Tätigkeit im Marketing und entfaltete ihr Potenzial. Durch ihre Leistung und den Erfolg, den sie in ihrem Traumjob erzielte, erhielt sie in der Branche und im Unternehmen Anerkennung für ihre Arbeit.

KATHRIN Allerdings änderten sich die Umstände, als ihr Unternehmen in einen größeren Konzern integriert wurde. Kathrins Freiheiten und Entscheidungsbefugnisse wurden eingeschränkt. Sie musste nun nach den Vorgaben ihrer Vorgesetzten arbeiten, ohne darauf Einfluss nehmen zu können (Stichwort »Micromanagement«). Das führte allmählich zu Frustration und dem Verlust ihrer intrinsischen Motivation. Die Situation verschlechterte sich weiter, als das Unternehmen von einem noch größeren Mitbewerber übernommen wurde. Es ergaben sich weitere Umstrukturierungen, bei denen Kathrin die Kontrolle über ihre Arbeit vollständig verlor und nur noch die Vorgaben der Zentrale abarbeiten durfte. Ihre Arbeit erfüllte sie nicht mehr. Sie fühlte sich frustriert und enttäuscht. Das war es aber nicht allein. Als Kathrin erfuhr, dass ihre langjährige Vorgesetzte schon zum Zeitpunkt der Integration ihrer alten Firma in den größeren Konzern von einem geplanten Verkauf der gesamten Unternehmensgruppe wusste, stellte diese Nachricht alles infrage. Die innere Kündigung trat bei Kathrin ein. Statt den Zeitpunkt zu nutzen, um den Konzern zu verlassen, blieb sie aber und rieb sich weiter auf – bis zum Burnout. Ihr »Daumen« färbte sich eindeutig von »grün« auf »rot«.

Kathrins Geschichte unterstreicht die Bedeutung der intrinsischen Motivation und sinnerfüllter Aufgaben für die Zufriedenheit und den Erfolg in der Arbeit. Der Drang nach Perfektionismus führte letztlich bei ihr dazu, dass sie die Situation, in der sie sich befand, nicht erkannte. Das ist ein Beispiel für falsch verstandenen Ehrgeiz gemäß der Theorie Bonellis. Wenn Menschen den Sinn einer Aufgabe nicht mehr erkennen, ihre intrinsische Motivation verlieren und ihre Bedürfnisse nach Autonomie, Kompetenz und sozialer Eingebundenheit nicht erfüllt sind, führt das früher oder später zu Unzufriedenheit, Frustration und einem Gefühl des Ausbrennens. Es ist daher wichtig, von Zeit zu Zeit in sich hineinzuhören, Warnsignale ernst zu nehmen und nicht immer weiterzumachen wie bisher (Stichwort »business as usual«). Das treibt nur die

Abwärtsspirale an, bis man in einer Sackgasse landet, aus der man nicht mehr herausfindet. Im schlimmsten Fall kommt es dann zu einem Burnout. Kathrins Beispiel verdeutlicht, wie sich starke Umbrüche und Neustrukturierungen innerhalb von Unternehmen auswirken und besonders dann Folgen haben, wenn diese komplett von anderen Unternehmen übernommen werden. Gerade bei einem Vorgang wie dem letzteren ändert sich alles im Unternehmen, angefangen bei der Identität der Marke, der Philosophie über Verantwortlichkeiten bis hin zu Arbeitsprozessen. Das gilt für jeden Job – egal, ob man im Management beschäftigt ist, im Handwerk arbeitet oder seinen Lebensunterhalt als Servicekraft verdient. Die Wechselwirkungen von intrinsischer Motivation und der Sinnhaftigkeit der Aufgabe bzw. im negativen Fall von Hinterfragen, Zweifel und Frustration gibt es in jedem Beruf.

OHNE MOTIVATION
KEIN UNTERNEHMENSERFOLG

Bisher haben wir nur die Sichtweise von Arbeitnehmer:innen betrachtet. Aber das Thema »sinnvolle Aufgaben im Allgemeinen« und die Bedeutung der intrinsischen Motivation im Besonderen betrifft auch Arbeitgeber:innen und Führungskräfte. Ihre Aufgabe ist es nicht zuletzt, ein Umfeld zu schaffen, das es den Mitarbeiter:innen ermöglicht, ihre intrinsische Motivation zur Förderung von Persönlichkeit, Fähigkeiten und Potenzialen zu entwickeln und aufrechtzuerhalten. Das dient nicht nur den Mitarbeiter:innen selbst, sondern auch den Unternehmens-

DIE AUFGABE

zielen. Eine motivierte Belegschaft und ein gutes Betriebsklima haben einen großen Anteil am Erfolg eines Unternehmens und tragen zu dessen Entwicklung bei. Dieser Aspekt sei hier nur kurz erwähnt. In den nächsten Kapiteln »Zeigefinger/Team« und »Mittelfinger/Weiterentwicklung« gehe ich genauer darauf ein.

> Seite 49 ff.
> Seite 91 ff.

Halten wir also noch einmal fest: Der Daumen ist der wichtigste Finger der Hand. Ohne den Daumen können wir kaum etwas halten, geschweige denn greifen. Der Daumen übernimmt eine wichtige Aufgabe im Zusammenspiel mit den übrigen Fingern, ja, der gesamten Hand. Daher ist er das Sinnbild für die Aufgabe. Ohne Aufgabe wankt unser gesamtes Selbstverständnis. Es geht aber nicht einfach um irgendeine Aufgabe. Sie muss sinnstiftend sein und wir müssen uns mit ihr identifizieren. Erst dann haben wir Freude daran, die Aufgabe zu erfüllen. Die intrinsische Motivation fördert unsere Persönlichkeit, unsere Talente, unsere Fähigkeiten und auch unsere Neugierde auf etwas Neues. Fehlt einer Aufgabe der Sinn, identifizieren wir uns nicht mit ihr und die innere Motivation sinkt. Das geht so weit, dass wir uns innerlich verweigern und langsam – wortwörtlich – ausbrennen. Geschieht das in Unternehmen vermehrt, kann das ganze System kollabieren. Deshalb gilt es, von Zeit zu Zeit in sich hineinzuhören und Warnsignale rechtzeitig wahrzunehmen. Nur so bleibt die Freude an der Aufgabe dauerhaft.

TIPPS ZUR SELBSTREFLEXION DER MOMENTANEN SITUATION

Nimm dir Zeit, um in Ruhe deinen Job und deine Situation am Arbeitsplatz zu reflektieren. Es ist hilfreich, sich bei der Analyse Notizen zu machen. So kannst du nach einer Weile mit etwas Abstand deine ersten Gedanken erneut überprüfen. Stelle dir dabei folgende Fragen:

Bin ich mit meiner Aufgabe zufrieden und macht sie mir Spaß?
Wenn du diese Frage mit »ja« beantworten kannst, kannst du davon ausgehen, dass die Basis stimmt.
Ist das nicht der Fall, solltest du den Ursachen dafür nachgehen.

> Versuche herauszufinden, warum du unzufrieden bist. Sind es bestimmte Aufgaben, das Arbeitsumfeld, die Arbeitsbeziehungen oder andere Faktoren?

> Stell dir vor diesem Hintergrund die Frage, worin deine Interessen und deine Ziele bestehen. Hier empfehle ich nochmal das Buch von John Strelecky: »The Big Five for Life: Was wirklich zählt im Leben«. Ebenso möchte ich dir das Buch von Simon Simek: »Start with the why« empfehlen, damit du herausfinden kannst, was dein eigenes Why, deine intrinsische Motivation, ist.

DIE AUFGABE

> Informiere dich parallel dazu über interne Jobangebote oder Entwicklungsprogramme in deinem Unternehmen. Möglicherweise gibt es andere Positionen, die besser zu deinen Interessen und Zielen passen. Nutze die Gelegenheit, dich weiterzuentwickeln und neue Herausforderungen anzunehmen. Bereite dich auf Basis dieser Überlegungen auf ein Mitarbeitergespräch vor und fordere es ein.

> Hängt deine Unzufriedenheit eventuell mit deiner momentanen Qualifikation zusammen? Wenn du das Gefühl hast, dass du in deinem derzeitigen Job keine Chancen zur Weiterentwicklung hast, könntest du zusätzliche Qualifikationen erwerben oder dich in Bereichen fortbilden, die dich interessieren. Das kann neue Karrieremöglichkeiten eröffnen (vgl. Kapitel »Mittelfinger / Weiterentwicklung«). › Seite 91 ff.

> Baue dein berufliches Netzwerk aus. Networking kann dir neue Perspektiven bieten und möglicherweise Jobmöglichkeiten eröffnen, von denen du vorher nicht wusstest.

DER DAUMEN

ARBEITNEHMENDE

Ist meine Aufgabe sinnstiftend?

Es kann sein, dass du zwar den Job hast, den du dir vorstellst, und dass auch das Betriebsklima passt, aber dass zu deinen Tätigkeiten dennoch Aufgaben gehören, deren Sinn du infrage stellst. Liste auf, um welche Aufgaben es sich dabei handelt. Du wirst dann sehen, ob es nur einige wenige sind, die dich stören und in deinem Wohlbefinden beeinträchtigen, oder ob es eine Vielzahl von Aufgaben ist, deren Sinn du hinterfragen solltest. Wenn Letzteres der Fall ist, stimmt etwas Grundlegendes nicht. In jedem Fall solltest du mit deinen Vorgesetzten das Gespräch suchen.

› Teile deine Bedenken und Wünsche offen mit und schlage mögliche Lösungen vor. Vielleicht gibt es Anpassungen oder alternative Aufgaben, die besser zu deinen Interessen und Fähigkeiten passen.

› Ziehe bei den Lösungen oder Alternativen in Erwägung, ob es andere Positionen gibt, die besser zu deinen Interessen und Zielen passen könnten. Vielleicht liegt es an deiner Qualifikation, die durch eine Fortbildung erweitert werden kann. Sprich diese Gedanken offen an.

DIE AUFGABE

TIPPS FÜR FÜHRUNGSKRÄFTE UND VORGESETZTE

Wie für Arbeitnehmer:innen ist eine Reflexion der Situation im Hinblick auf die Aufgabe(n) auch für Führungskräfte von Zeit zu Zeit hilfreich. Nur ist hier der Blickwinkel ein anderer.

Wichtige Fragen sind dann zum Beispiel:

> Was muss die Abteilung als Ganzes betrachten und welche Anforderungen gibt es an jedes einzelne Teammitglied?

> Ist jemand wirklich die richtige Person für eine Aufgabe, nur weil sie oder er oberflächlich gesehen dafür qualifiziert ist? Wie sieht es mit der Motivation aus? Gehen Fähigkeit und Motivation zusammen?

> Sind Schlüsselpositionen richtig abgedeckt? Hier besteht bei demotivierten Personen die Gefahr, dass sich ihre Haltung rasch auf andere überträgt.

> Sind für Schlüsselpersonen Stellvertreter:innen definiert? Nicht nur aus unternehmerischer Sicht macht hier eine Absicherung Sinn. Oft kann die Tatsache, die ganze Verantwortung auf den eigenen Schultern zu tragen, belastend für Mitarbeiter:innen sein. Zudem ergeben sich hier auch potenzielle Weiterentwicklungsmöglichkeiten.

> Gebe ich als Führungskraft Verantwortung an geeignete Mitarbeiter:innen ab oder neige ich dazu, alle Entscheidungen treffen zu wollen (Stichwort »Micromanagement«)?

ARBEITGEBENDE

DER DAUMEN

ARBEITGEBENDE

Seite 91 ff.

Bei der Analyse ist das Erstellen einer Kompetenzmatrix hilfreich. Sie ermöglicht, einen klaren Überblick über die Fähigkeiten und Kenntnisse der Mitarbeiter:innen zu erhalten, und hilft bei der Identifizierung von Stärken und Schwächen Einzelner sowie des gesamten Teams. Zum einen erhält man durch die Visualisierung einen besseren Überblick. Zum anderen erleichtert sie die Schlussfolgerungen, z. B. bei der Durchführung gezielter Entwicklungsmaßnahmen und Schulungen zur Verbesserung von Kompetenzen (vgl. Kapitel »Mittelfinger / Weiterentwicklung«).

Zum Schluss die Frage: Stimmt die Kommunikation – Sender/ Empfänger, Codierung / Decodierung? Reflektiere für dich selbst, ob die Nachrichten, die du senden möchtest, verständlich sind und beim Gegenüber ankommen.

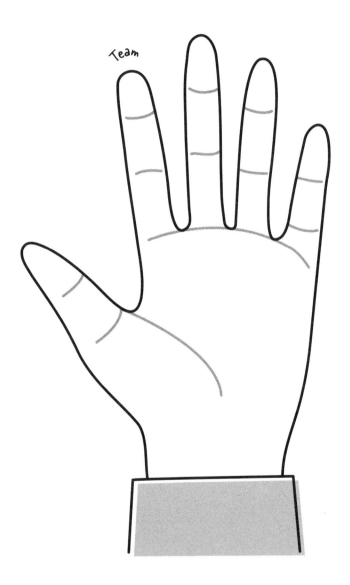

DER ZEIGEFINGER
Die Teamdynamik

Auf den ersten Blick mag der Zeigefinger etwas unscheinbar wirken. Doch er hat wesentliche Funktionen, derer wir uns im Alltag nicht immer bewusst sind. Anatomisch gesehen befindet er sich zwischen Daumen und Mittelfinger. Der Zeigefinger besteht aus drei Knochen und zwei Gelenken, die von Muskeln und Sehnen gesteuert werden. Sie reichen bis in die Hand selbst und in den Unterarm. Aufgrund seiner Position und Beweglichkeit ist der Zeigefinger besonders gut geeignet, um präzise Aufgaben auszuführen. Durch das Zusammenspiel mit dem Daumen sind wir in der Lage, mit ihm den »Pinzettengriff« auszuführen. Wir können dadurch beispielsweise kleine Gegenstände halten, greifen oder Werkzeuge bedienen.

Der Zeigefinger spielt eine wichtige Rolle beim Tasten. Zudem ist er ein wichtiger Bestandteil der menschlichen Kommunikation: Er wird häufig verwendet, um etwas zu zeigen oder um Aufmerksamkeit auf etwas zu lenken. So können wir zum Beispiel mithilfe des Zeigefingers auf bestimmte Informationen oder

DER ZEIGEFINGER

Dinge hinweisen. Wir verwenden ihn aber genauso zum Identifizieren von Personen oder zum Unterstreichen von Anweisungen. Deshalb hat das Zeigen mit dem Zeigefinger in vielen Kulturen eine symbolische Bedeutung.

ALLES IST MITEINANDER VERBUNDEN UND WIRKT ZUSAMMEN

Das ist auch der Grund, warum der Zeigefinger das komplexe Thema »Team« versinnbildlicht. Zunächst lässt sich jedem Knochen des Fingers eine Position oder Funktion zuordnen. Das »oberste Fingerglied« stellt das eigene Team oder die Abteilung dar. Der »mittlere Teil des Fingers« steht für Teams, die sich auf gleicher hierarchischer Ebene wie das eigene befinden und mit denen man zusammenarbeitet. Das »unterste Glied des Zeigefingers«, auf dem die beiden anderen Glieder aufbauen und das die direkte Verbindung zur Hand bildet, ist das Sinnbild für den Chef oder den Vorgesetzten.

Allein durch diese einfache Zuordnung und Visualisierung wird bereits klar, welche Dynamik und welche Synergien – positiv wie negativ – im Bereich des Teamworks liegen und welche Auswirkungen das auf einzelne Akteure und auf einen selbst haben kann. Mitunter liegt genau hier der »Sprengstoff«, der die individuelle Karriere bis ins Privatleben hinein ins Wanken bringen kann, wie wir anhand der folgenden Beispiele sehen werden.

Schauen wir uns zunächst Kathrins Situation an, die wir bereits vom letzten Kapitel kennen. Ihre Ausgangslage war zu Beginn optimal. Sie hatte eine Aufgabe, in der sie aufging, und freie Hand, um ihre Ideen zu verwirklichen. Das war nicht zuletzt deshalb möglich, weil sie mit einem harmonischen Team arbeitete – der »äußere Teil des Zeigefingers«. Außerdem gab es keine Reibungspunkte oder Differenzen mit anderen Abteilungen – das »mittlere Fingerglied«. Ebenso passten die Zusammenarbeit und das Verhältnis zu ihrer Vorgesetzten, symbolisiert durch das »untere Glied des Zeigefingers« und der Verbindung zum »Daumen« – Aufgabe – und der »Hand«.

Der Fisch beginnt vom Kopf an zu stinken

Durch die Integration von Kathrins Unternehmen in einen größeren Konzern änderte sich das vorher harmonische Zusammenspiel. Kathrins Abteilung wurde größer und setzte sich neu zusammen. Das Team war nicht mehr das alte. Eine neue Dynamik entstand. Auch die Gangart von Kathrins Chefin änderte sich. Sie setzte neue Vorgaben und Regeln um, die sich unmittelbar auf das Teamwork auswirkten. Kathrin hatte nun nicht mehr die Freiheiten, die sie vorher hatte. Ihre Position als Bereichsleiterin wurde durch das veränderte Verhalten ihrer Vorgesetzten untergraben. Kathrin hatte das Gefühl, nur noch Teammitglied zu sein – wie alle anderen auch. Ihre früheren Erfolge und Leistungen zählten nicht mehr und sie konnte ihre Ideen nicht mehr eigenständig umsetzen. Wenn sie diese einbrachte, wurden ihre Anregungen im Team diskutiert, bewertet, abgeändert und am Ende gar von ihrer Vorgesetzten verworfen. Die Zusammenarbeit war kein Miteinander mehr, so wie Kathrin es kannte, sondern die einzelnen Teammitglieder konkurrierten miteinander. Und ein Team, das keine Einheit mehr darstellt, hat auch Auswirkungen auf andere Teams.

Maßgeblich lag das an Kathrins Vorgesetzter. Das Verhältnis war nicht mehr auf Augenhöhe. Es glich mehr einem klassischem Top-Down. Nun traf die Chefin die finalen Entscheidungen und nicht mehr Kathrin selbst. Für Kathrin fühlte sich das wie eine Herabstufung ihrer Position, ja, ihrer Person an, denn auch das menschliche Verhältnis zur Vorgesetzten veränderte sich: Es kühlte ab. Zwar versuchte die Konzernleitung, den Teamgeist durch Incentives zu stärken, aber das konnte Kathrins Enttäuschung nicht auffangen. Ihr »Zeigefinger« fing von der Wurzel her, von dem »unteren Fingerglied« an, zu schmerzen. Das strahlte bis in die »Fingerkuppe« und den »Daumen«.

Der Schmerz entwickelte sich zu einer »Infektion«, als Kathrins neuer Konzern erneut an einen Wettbewerber verkauft wurde. Viel schlimmer war für Kathrin aber noch zu erfahren, dass ihre Chefin zum Zeitpunkt der Übernahme ihrer alten Firma in den neuen Konzern von einem geplanten Verkauf an den Wettbewerber und von den möglichen Folgen, die so etwas mit sich bringt, wusste. Angesichts des guten Verhältnisses, das die beiden Frauen zu Beginn von Kathrins Laufbahn gehabt hatten, war das ein absoluter Vertrauensbruch. Die ganze Zeit hatte die Vorgesetzte ein falsches Spiel mit dem Team und speziell mit Kathrin getrieben. Kathrin stürzte das in eine mentale und körperliche Krise.

Sinnbildlich gesprochen: Die Infektion von Kathrins »unterem Fingerglied« griff den gesamten »Zeigefinger« an und übertrug sich bis auf den »Daumen«. Und nicht nur das: Die berufliche und persönliche Weiterentwicklung wurde bereits zum Zeitpunkt der ersten Firmenübernahme gestoppt (vgl. Kapitel »Mittelfinger / Weiterentwicklung«). Außerdem hatten der Ärger, der Vertrauensverlust, die Erkenntnis, dass die geleistete Arbeit nunmehr sinnlos war, und der mannigfaltige Stress am Arbeitsplatz massive Auswirkungen auf Kathrins Work-Life-Balance, also auf ihren »Ringfinger«.

> Seite 91 ff.

AUCH DER VORGESETZTE IST TEIL DES TEAMS

Schauen wir uns nun die Situation von Christian an, einem Ingenieur, der schon lange in der Geräte- und Anlagenindustrie arbeitet.

Über die Jahre baute Christian sich einen guten Ruf nicht nur durch sein fachliches Know-how auf, sondern auch in der Führung von Teams, die sich aus verschiedensten Kulturen, Nationalitäten und Geschlechtern zusammensetzen. Christian hatte ein Gespür für Menschen, ihre Talente, Werte und Fähigkeiten. Eines Tages wurde dem erfahrenen Ingenieur erneut die Führung einer Abteilung in einem Konzern aus der Maschinenbaubranche angeboten. Die Herausforderung bestand darin, neben der Entwicklung neuer Technologien auch die von ihm künftig zu leitende Abteilung umzubauen. Diese Veränderung war aufgrund der rasch voranschreitenden technologischen

CHRISTIAN

Entwicklung des gesamten Marktes notwendig. Christian freute sich auf die Aufgabe. Er war zuversichtlich, dass ihm der Umbau der Abteilung gelingen würde, denn er fand ein gut eingespieltes Team von kompetenten Kolleg:innen vor.

Christian stellte jedoch nach den ersten Gesprächen mit seinen neuen Kolleg:innen fest, dass Frustration in der Luft lag. Die Motivation und damit das Leistungspotenzial seiner Abteilung wurden stark durch regelmäßige Absagen potenzieller Aufträge gebremst. Da aber die Grundstimmung in der Abteilung gut war und alle Teammitglieder die notwendigen Veränderungen mittragen wollten, standen die Chancen für einen Neustart gut – wieder sinnbildlich gesprochen: Das »oberste Glied des Zeigefingers« passte also. Die Zeichen standen auf »grün«.

Die Wechselwirkung von zusammenspielenden Teams

Natürlich hing der Erfolg des Konzerns nicht nur an dieser einen Abteilung. Es kam ebenso auf die Zusammenarbeit aller Teams (»mittleres Fingerglied«) an, die sich auf der gleichen Ebene wie Christians Team befanden, also auf die Zusammenarbeit mit seinen Peers.

Auch diese Teams wurden neu aufgestellt – teilweise durch Neuzugänge und durch »alte Hasen«, um den notwendigen Change durchzuführen. Auch hier war die Motivation hoch. Alle wollten zum Gelingen des Erfolgs beitragen. In der täglichen Zusammenarbeit allerdings stellte Christian Potenzial für Konflikte fest. Aber damit konnte er leben, denn diese

Zwistigkeiten hielten sich in Grenzen. Für ihn waren kleinere Unstimmigkeiten zu einem gewissen Grad Alltag. Gerade wenn Abteilungen sich im Umbruch befinden, gehen die Veränderungen den einen immer zu langsam und die anderen möchten lieber jeden neuen Schritt bis ins Kleinste ausdiskutieren. Dass es vorwärts ging, war dem Chef (»unterstes Fingerglied«) zu verdanken, der alle Teams auf Christians Ebene koordinierte und leitete.

Nach gut einem Jahr wurde diese erfahrene Führungskraft versetzt und ein neuer Chef verantwortete nun die Position. Zunächst machte der neue Chef einen guten Eindruck. Er kam in die Abteilungen, ließ sich Zeit für persönliche Gespräche und wirkte eher bescheiden als aufdringlich. Kurz: Er vermittelte das Gefühl, nicht über den Abteilungen zu stehen, sondern Teil des großen Teams zu sein. Er legte Wert darauf, nach dem Level-5-Leadership-Prinzip zu handeln.

LEVEL-5-LEADERSHIP-MODELL NACH JIM COLLINS

Der amerikanische Managementexperte und Autor Jim Collins entwickelte nach jahrelangen, intensiven Forschungsarbeiten das Level-5-Leadership-Modell und veröffentlichte es erstmalig in seinem 2001 publizierten Buch »Good to Great«.

Nach Collins ist Level-5-Leadership die höchste Stufe der Führungskompetenz. Sie geht über die Fähigkeit hinaus, Ergebnisse zu erzielen, und konzentriert sich auf die persönlichen Eigenschaften und Verhaltensweisen einer Führungskraft.

Ein Level-5-Leader zeichnet sich durch Demut, Beharrlichkeit, Selbstlosigkeit und die Fähigkeit aus, talentierte Mitarbeiter:innen anzuziehen und zu fördern. Diese Art von Führungskraft setzt das Wohl des Unternehmens über persönliche Eitelkeiten und Interessen. Level-5-Leadership wird als Schlüsselfaktor für den langfristigen Erfolg eines Unternehmens angesehen.

DIE TEAMDYNAMIK

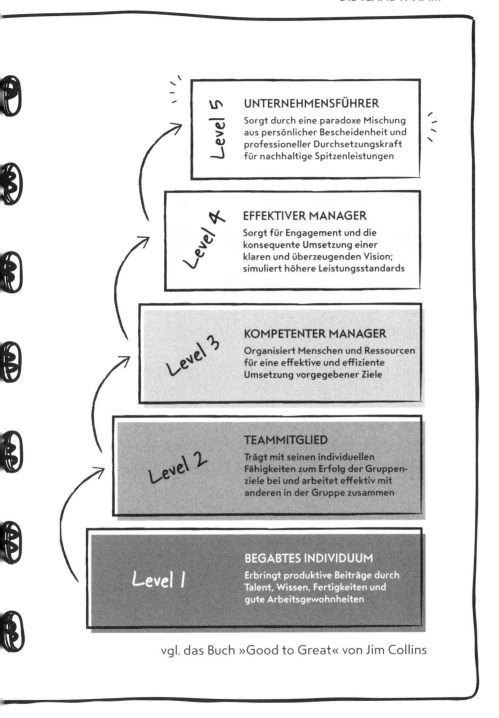

vgl. das Buch »Good to Great« von Jim Collins

Das Level-5-Leadership-Prinzip nach Jim Collins beschreibt fünf Stufen oder Ebenen der Führungskompetenz:

→ Stufe 1: eine sehr kompetente Einzelperson – Die Führungskraft besitzt fachliche Fähigkeiten und ist in ihrem Bereich äußerst kompetent.

→ Stufe 2: ein:e effektive:r Teammitarbeiter:in – Die Führungskraft arbeitet gut mit anderen zusammen und trägt zum Erfolg des Teams bei.

→ Stufe 3: ein:e kompetente:r Manager:in – Die Führungskraft kann effizient Ressourcen organisieren und Ergebnisse erzielen.

→ Stufe 4: ein:e effektive:r Leader:in – Die Führungskraft inspiriert und motiviert andere, um herausragende Leistungen zu erzielen.

→ Stufe 5: die Level-5-Führungskraft – Es handelt sich dabei um die höchste Stufe, die eine Führungskraft erreichen kann: Sie besitzt dann Demut, Selbstlosigkeit und die Fähigkeit, talentierte Mitarbeiter:innen anzuziehen und das Unternehmen langfristig zum Erfolg zu führen, unabhängig von ihrer eigenen Anerkennung.

Das Model bietet hervorragende Voraussetzungen für die erfolgreiche Umsetzung von Transformationsprozessen, Change-Management, kulturellem Wandel, Digitalisierung oder Industrie 4.0.

Bei dem Aufbau von Führungskräften ist es von entscheidender Bedeutung, dass Unternehmen die Fähigkeiten und Kompetenzen ihrer Führungskräfte gezielt planen, sicherstellen und evaluieren. Darüber hinaus ist eine klare Kommunikation der Entwicklungsfortschritte in Feedback- und Zielvereinbarungsgesprächen wichtig. Die Identifizierung unterschiedlicher Entwicklungsstufen auf Basis der Kompetenzeinschätzung ermöglicht eine gezielte Weiterentwicklung der Führungskräfte. Dabei werden auch potenzielle Führungskräfte identifiziert, indem Mitarbeiter:innen mit relevanten fachlichen Kompetenzen und Fähigkeiten in die Entwicklung einbezogen werden.

Eine weitere Stärke des Entwicklungsansatzes liegt darin, dass die für die nächste Stufe erforderlichen Kompetenzen nicht zwingend vollständig entwickelt sein müssen, bevor mit der Entwicklung auf der nächsten Stufe begonnen wird: »Hierdurch kann ein Unternehmen in der Führungskräfteentwicklung flexibel und spezifisch reagieren und Prioritäten setzen. Somit ermöglicht das Modell sowohl in Breite und Tiefe innerhalb der einzelnen Stufen als auch in der zeitlichen Dimension der verschiedenen Kompetenzen und Fähigkeiten für die kurz-, mittel- und langfristige Planung der Führungskräfteentwicklung eine solide und umfassende Grundlage«[4], resümiert Elmar Stein in einem Beitrag zum Thema im »Management Journal der Deutschen Akademie für Management« (vgl. Kapitel »Mittelfinger / Weiterentwicklung«).

❯ Seite 91 ff.

Die beschriebene Entwicklung ist wichtig, wenn das Ziel, die fünfte und höchste Stufe, erreicht werden soll, die Level-5-Führungskräfte als bescheidene Menschen beschreibt. Es geht darum, zu lernen, dass Bescheidenheit wichtig und ein elementarer Schlüssel ist. Daher ist es erforderlich, auf einer tiefen, emotionalen Ebene zu verstehen, warum Arroganz so zerstörerisch ist. Nur so kann Bescheidenheit gewährleistet werden, was zum Beispiel auch bedeutet, dass man einem Team, wenn es Erfolg hat, für seine harte und gewissenhafte Arbeit den angemessenen Verdienst und Respekt zuspricht.

Im Fall von Christian zeigte sich jedoch, dass sein neuer Chef nicht das lebte, was er vorgab. »Walk the Talk« waren bei ihm leere Worte. Je länger er in seiner Position war, desto mehr leitete er seinen Verantwortungsbereich nach dem klassischen Führungsstil Top-Down: Er war der Chef, hatte das letzte Wort, war nicht zu Kompromissen bereit und ließ diese Art von Führung deutlich jeden spüren, der ihm nicht folgte. Und nicht nur das: Der neue Chef war nur auf seinen eigenen Vorteil bedacht und saugte dem angeschlagenen Unternehmen zugunsten seiner Bedürfnisse und Interessen alles Mögliche ab – angefangen von einem neuen Dienstwagen, der natürlich größer war als der seines Vorgängers, bis zur Nutzung von Firmenressourcen für seine privaten Belange. Christian musste außerdem feststellen, dass der neue Chef Kolleg:innen gegeneinander ausspielte, ja, belog, wenn es zu einer Aussprache kam.

Das Schlimmste war aber, dass der neue Chef durch sein falsches Spiel nicht nur den begonnenen Änderungsprozess mit den Kolleg:innen blockierte, sondern dass er sogar jegliche Anregungen zum Umbau der Abteilungen ignorierte. Er setzte gezielt seine eigenen Vorstellungen durch, die den einst begonnenen und gewollten Veränderungen im Wege standen, statt sie zu fördern.

Fehlverhalten und Egoismus demontieren die Vorbildfunktion

Dieses Verhalten ließ Konflikte, die Christian schon seit seinem Beginn im Konzern im Auge hatte, offen zutage treten. Einige

DER ZEIGEFINGER

Kolleg:innen der anderen Abteilungen nutzten die Führungsschwäche, um ihr eigenes politisches Spiel zu treiben. Die Werte, die immer wieder betont wurden, der gemeinsame Wille zur zukunftsorientierten Zusammenarbeit wurden von verschiedenen Personen zu weiten Teilen nicht mehr mitgetragen. Die Situation spitzte sich weiter zu, als einige Abteilungsleiter:innen damit begannen, aus den Teams und speziell aus Christians Team gezielt Kolleg:innen für ihre Abteilungen abzuwerben. Damit wollten sie ihr eigenes Team stärken, um beim neuen Chef in einem besseren Licht dazustehen. Die Folge: Unmut und Unzufriedenheit machten sich breit. Einige Kolleg:innen suchten das Gespräch mit dem neuen Chef, um Lösungen zu finden und wieder auf den ursprünglich eingeschlagenen Weg zurückzukommen. Es war aber zwecklos. Da keine Besserung in Sicht war, kündigten die ersten.

Die Nachbesetzungen auf die freiwerdenden Positionen wurden natürlich nach den Vorstellungen des neuen Vorgesetzten vorgenommen. Verständlich, denn der war über die Kündigung seiner Kritiker:innen froh und sorgte nun dafür, dass in Bezug auf die Neuanstellungen keine Widerrede zu befürchten war: ein typisches Top-Down-Verhalten. Das einst harmonische Zusammenspiel von Teams und Peers fiel zusehends auseinander – und das übertrug sich auf die Aufgabe. Die sinnvolle, zielgerichtete Umsetzung des Änderungsprozesses geriet ebenfalls ins Wanken und wurde je nach Blickwinkel und Motivation hinterfragt.

Selbstverständlich beobachte Christian diese Entwicklung mit Sorge. Was den alten Chef und Christian neben dem Respekt gegenüber den fachlichen Kompetenzen des jeweils anderen verbunden hatte, waren gemeinsame Werte und die Kultur, diese in den Arbeitsprozess einzubinden. Hier tat sich eine große Kluft zwischen Christian und dem neuen Chef auf. Was Christian einst förderte und motivierte, entwickelte sich zur Blockade nicht nur hinsichtlich der Aufgabe (»Daumen«), sondern auch in puncto Weiterentwicklung (vgl. Kapitel »Mittelfinger / Weiterentwicklung«). ❯ Seite 91 ff.

Das letzte Mittel: Die Reißleine ziehen

Wie seine ehemaligen Kolleg:innen suchte Christian das Gespräch mit seinem Vorgesetzten, denn er bemerkte, wie sich die andauernden Probleme am Arbeitsplatz langsam auch auf sein Privatleben auswirkten. Vergeblich. Einen letzten Versuch wollte Christian dennoch unternehmen, obwohl er keine Hoffnungen hatte, auf Gehör zu stoßen. So war es auch: Der Vorgesetzte erwies sich allen Argumenten gegenüber als unzugänglich.

Christians Freundeskreis blieben seine Sorgen nicht verborgen. Sie bemerkten, wie er sich zusehends veränderte und rieten ihm, sich mit Kolleg:innen auszutauschen. Genau das gehe eben nicht, weil unter den Abteilungschefs ein offener Wettbewerbskampf ausgebrochen sei, entgegnete er ihnen. Lediglich in seinem Team sei ein Gespräch noch möglich, aber das helfe in der Situation nicht. Christians Freund:innen legten ihm also nahe, die Firma zu verlassen, denn so gehe es nicht weiter. Das war zwar ein guter Gedanke, aber um ihn umzusetzen, brauchte Christian eine neue berufliche Perspekti-

DER ZEIGEFINGER

ve. Schließlich hatte er finanzielle Verpflichtungen, denen er nachkommen musste. Eine gewisse Zeit würde er finanziell überbrücken können. Aber was dann? Immerhin hatte er auch eine Verantwortung seiner Familie gegenüber. Ohne eine neue berufliche Perspektive wäre das Verlassen des Unternehmens sehr riskant, dessen war sich Christian bewusst. Auf die Symbolik der Hand übertragen bedeutete das: Sein »Zeigefinger« färbte sich zunächst durch den neuen Vorgesetzten (»unteres Fingerglied«) »rot« und das übertrug sich auf seine Peergroup, das »mittlere Fingerglied«. Lediglich sein Team, das »oberste Fingerglied«, stand noch auf »grün«.

Gedanken machte sich Christian ebenfalls um einige seiner Teammitglieder. Was würde geschehen, wenn er ginge? Seine Abteilung würde auseinanderbrechen und nicht jeder Kollege und jede Kollegin könnte eine Übergangszeit bis zu einem neuen Job durchstehen. Es ging um Existenzen. Christian hatte unruhige Nächte. Er überlegte hin und her und kam zu der Einsicht: »Love it« funktionierte nicht mehr und »change it« auch nicht. Also blieb nur noch »leave it«. Der Ingenieur schaute sich nach einer beruflichen Alternative um. Als Christian nach einigem Suchen einen passenden Job gefunden hatte, informierte er zuerst sein Team und kündigte dann offiziell.

Wie bei Kathrin lag es auch bei Christian am Vorgesetzten, dass sich Probleme entwickelten und aufbauten. Übertragen wir Christians Situation auf die »Hand«, so ergibt sich folgendes Bild: Der »untere Knochen des Zeigefingers« (Chef) hatte sich infiziert. Diese Infektion wirkte sich unmittelbar auf das »mittlere Glied« (andere Abteilungen) aus. Zwar hielt der Teamgeist von Christians eigener Abteilung noch (»äußeres Fingerglied«), aber auch das drohte sich zu »infizieren«, weil nämlich die Gesamtaufgabe (»Daumen«) bereits sinnlos erschien, ausgehend vom Chef, dem »unteren Glied des Zeigefingers«, der Wurzel. Jetzt galt es unbedingt, eine einschneidende Veränderung herbeizuführen. Im Gegensatz zu Kathrin erkannte Christian die Situation und handelte rechtzeitig.

DER RICHTIGE CHEF
KANN EIN TEAM RETTEN

Es kann auch anders laufen, wie das nächste Beispiel von Joe zeigt.

Auch Joe arbeitete wie Christian in einer Entwicklungsabteilung und verantwortete diese. Sein Unternehmen war in der Autozuliefererbranche und bekannt für seinen Innovationsgeist, weil es Neuerungen entwickelte, die den Kund:innen klare Wettbewerbsvorteile brachten. Für Joe bot das Unternehmen das ideale Umfeld, sich frei zu entfalten. Schon seit seiner Jugend interessierte er sich für Technik und tüftelte ständig an technischen Lösungen. Sein Wunsch war es, sein Hobby zum Beruf zu machen, und dieser Autozulieferer bot ihm genau das.

DER ZEIGEFINGER

Mehr noch: Eines Tages bekam er im Zuge eines Umbaus von mehreren Abteilungen die Chance, sein eigenes Entwicklungsteam (»äußeres Fingerglied«) zu leiten.

Den anderen Abteilungen, mit denen Joes Team zusammenarbeitete, standen altgediente Abteilungsleiter:innen vor. Obwohl Joe verglichen mit den anderen Teamleader:innen recht jung war, vertraute ihm das Management aufgrund seines Fachwissens und seiner Umsichtigkeit die Leitung eines eigenen Teams an. Das war den anderen Abteilungsleiter:innen ein Dorn im Auge. Joe ließ sich aber von dem Gerede hinter seinem Rücken nicht beeindrucken. Schließlich handelte er nach der Prämisse: Gib dein Bestes und handle danach – das wird deine Kritiker:innen überzeugen.

Dem war aber leider nicht so! Die altgedienten Kolleg:innen gaben ihm nicht den Hauch einer Chance. Sie blockierten ihn, wann immer sich die Gelegenheit ergab. Denn: Wie konnte es sein, dass in einem Traditionsunternehmen ein Mensch in so jungen Jahren eine eigene Abteilung zugewiesen bekam und das auch noch in der Entwicklung, dem Herzstück der Firma? Nun, es war so: Das Unternehmen wusste, dass es, um im Wettbewerb zu bestehen, eine Abteilung brauchte, die sich mit Zukunftstechnologien befasste, denn die bisherigen Entwicklungen beschäftigten sich nur mit herkömmlicher Technik. Doch diese, da war sich die Unternehmensführung bewusst, würde die Firma nicht in die Zukunft tragen. Joe sollte diese neue Abteilung verantworten. Die Kolleg:innen der anderen Abteilungen aber waren skeptisch, was die neue Abteilung anging.

Joe bemerkte das üble Spiel seiner Kolleg:innen zunächst nicht. Er hatte zu viel Freude an seiner Arbeit, aus der er Kraft und Motivation zog. Auch das Zusammenspiel innerhalb seines Teams passte. Hier lief alles reibungslos – von Ideenaustausch über Absprachen bis Umsetzung.

Die Zeichen von Unstimmigkeiten rechtzeitig erkennen

Dann aber trat die Abneigung der anderen Teamleiter:innen Joe gegenüber immer offener zum Vorschein. Zum einen zeigte sich das beim regelmäßigen Abteilungsleitertreffen. Wenn Joe eine Idee äußerte, wurde sie von seinen Kolleg:innen mit fragwürdigen Begründungen abgewürgt. Immer häufiger kam es außerdem vor, dass Joe nicht in der Lage war, seine Anregungen vollständig vorzutragen. Man fiel ihm einfach ins Wort. Manchmal nutzten die Kolleg:innen auf Leiterebene Joes Arbeitsfreude auch aus: Erzählte er im kollegialen Austausch etwas über seine Ideen, um Feedback zu erhalten, konnte es passieren, dass sie dem Firmenchef diese Ideen vorstellten – als ihre eigenen.

Es traf Joe hart, als er eines Tages zum Firmenchef bestellt wurde. Angeblich hatte seine Abteilung einen Fehler gemacht, der sich bis in die anderen Teams ausgewirkt hatte. Joe war vor den Kopf gestoßen. Der Vorwurf traf ihn unvermittelt und deswegen konnte er nicht angemessen gegenargumentieren. Dass es im mittleren Management nicht immer kollegial zugeht, war ihm bekannt. Das hatte er schon mitbekommen, aber dass auch offensichtlich gelogen, ja, intrigiert wird, das hatte er bis dato noch nicht erlebt. Bisher konnte Joe durch Sport und durch Radfahren zur und von der Arbeit den Kopf frei bekommen. Auch die Zusammenarbeit in seinem Team gab ihm Kraft, ebenso wie seine Familie.

Love it, change it or leave it

Joes Balance kippte aber endgültig, als er aufkommende Unruhe im eigenen Team feststellte. Plötzlich wurden seine Anweisungen infrage gestellt und langatmig diskutiert. Dadurch schlichen sich zusätzlich kleine Fehler ein. Joe wollte den Dingen auf den Grund gehen. Er fand heraus, dass die anderen Abteilungsleiter:innen versuchten, sich hinter seinem Rücken in teaminterne Angelegenheiten einzumischen. Das brachte Joe endgültig aus dem Gleichgewicht. Er hinterfragte sich selbst und zweifelte an seinen Fähigkeiten, ein Team zu leiten. Die Situation raubte ihm den Schlaf, er wurde häufiger krank. Jedes Mal, wenn er zurück zur Arbeit kam, hatte sich sein Team weiter verändert.

So konnte es nicht weitergehen. Joe stand vor der Entscheidung, entweder etwas zu ändern – also proaktiv zu werden und ein »change it« einzuleiten – oder das Unternehmen zu verlassen. Letzteres wäre die schlechtere Option gewesen, da er seine Aufgabe eigentlich liebte und das Unternehmen an sich gut fand.

Die Entlohnung war gut, das Topmanagement setzte ausgezeichnete Rahmenbedingungen, die beruflichen Perspektiven waren ebenfalls vielversprechend – obwohl Joe das nicht so wichtig war. Ihm genügte die Selbstverwirklichung durch die Aufgabe im Sinne einer Weiterentwicklung (vgl. Kapitel »Mittelfinger / Weiterentwicklung«). ❯ Seite 91 ff.

Die Basis stimmte also. Auf die sinnbildliche Hand übertragen hieß das: Alle »Finger« waren »grün«, bis auf den wichtigen »Zeigefinger«. Zwar passte das Verhältnis zu seinem Chef, weswegen das unterste Glied »grün« war. Aber die Peers waren »rot« und das drohte sich schleichend auf sein Team, das oberste Glied, zu übertragen.

Wollte Joe also weiter im Unternehmen bleiben, so lag es an ihm, aktiv zu werden, damit sein »Zeigefinger« wieder »grün« wurde.

Verfahrene Situationen erfordern einen Sparringspartner

Joe war klar: Er würde das Gespräch mit dem Firmenchef suchen und hier ansetzen. Allerdings wusste Joe nicht genau, wie er vorgehen sollte. Die letzten Monate hatten einiges an Kraft gekostet und er befürchtete, von seinen Emotionen geleitet – also **fehl**geleitet – zu werden. Er wusste anderseits, dass der Firmenchef die gleichen Werte wie er vertrat, die in Richtung Level-5-Leadership gingen, aber auch den Gedanken des Inverted Leadership oder Upside-Down- bzw. Bottom-Down-Leadership.

Führungsmodelle, bei denen der Chef oder die Chefin oder der oder die Vorgesetzte in einem Organigramm unten angeführt ist – also das Fundament bildet – und bei denen das Team oben steht, werden im Allgemeinen als »Inverted Leadership« oder »Upside-Down-Leadership« bezeichnet. Es gibt verschiedene Modelle und Ansätze, die dieses Konzept aufgreifen: Servant Leadership (Dienerführung), Holacracy und agiles Leadership sind drei Ansätze, die dabei häufig genannt werden.

→ Servant Leadership: Dieses Konzept wurde von Robert K. Greenleaf geprägt. Der Amerikaner Greenleaf war Autor und Berater und gilt als Pionier des Konzepts. Es basiert auf dem Gedanken, dass Führungskräfte dienende Rollen einnehmen sollten, um die Bedürfnisse ihrer Teammitglieder zu erfüllen und das Wachstum und die Entwicklung des Teams zu fördern.

→ Holacracy: Dabei handelt es sich um ein Organisationsmodell, das darauf abzielt, hierarchische Strukturen aufzubrechen und die Entscheidungsfindung und Verantwortung auf alle Ebenen der Organisation zu verteilen. Es betont die Selbstorganisation von Teams und die Minimierung von Hierarchie.

→ Agile Leadership: Agile Methoden wie Scrum (ein agiles Framework zur Projekt- und Produktentwicklung), und Kanban (ebenfalls ein agiles Framework, das sich aber auf die Visualisierung und Optimierung des Arbeitsflusses konzentriert) haben einen starken Fokus auf Teamarbeit und Selbstorganisation. Agile Führungskräfte nehmen die Rolle von Coaches oder Facilitators ein und unterstützen die Teams dabei, die gemeinsamen Ziele zu erreichen.

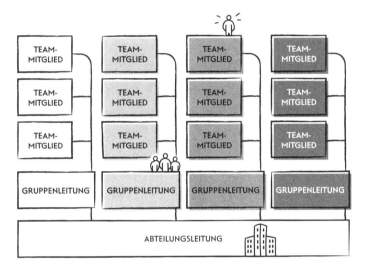

Im Gegensatz zur klassischen Top-Down-Führung – die Entscheidung sowie die Autorität liegt allein bei Führungskräften und die Hierarchie ist klar von oben nach unten definiert – basieren die genannten Ansätze auf diesen Gedanken:

→ Die Entscheidungsfindung erfolgt auf Ebene des Teams oder der Basis. Die Mitarbeiter:innen haben Einfluss und Mitbestimmung bei Entscheidungen, da ihre Expertise und Perspektiven einbezogen werden.

→ Die Autorität liegt eher bei den Mitarbeiter:innen und Teams, die eigenverantwortlich agieren und Entscheidungen treffen. Die Führungskräfte unterstützen und coachen das Team, anstatt autoritäre Anweisungen zu geben.

→ Die Hierarchie ist flacher oder sogar nicht vorhanden. Die Kommunikation und Zusammenarbeit erfolgen auf Augenhöhe, wobei Teams und Mitarbeiter:innen eigenständig agieren und Verantwortung übernehmen.

Joe kam der Gedanke, einen Sparringspartner oder eine Sparringspartnerin zu suchen, mit dem oder der er seine Gedanken teilen konnte, um Lösungsansätze für das Gespräch bei seinem Vorgesetzten präsentieren zu können. Sein Dilemma war aber: Er brauchte jemanden, der in gleicher Verantwortung war wie er. Seine Abteilungsleiterkolleg:innen waren für ein solches Gespräch denkbar ungeeignet und auch seine Teammitglieder konnte er schlecht einbeziehen.

Daher traf sich Joe mit einem Freund, der in der Beraterbranche tätig war und eine ähnliche Funktion wie er selbst einnahm. Der Freund verstand das Problem sofort. Er machte Joe zunächst klar, dass dieser den Konflikt nicht zu fürchten und deshalb nicht in die Defensive zu gehen brauche. Stattdessen solle er den Konflikt als Chance begreifen, etwas zu verändern, und ihn auch als Möglichkeit zur Weiterentwicklung verstehen. Als nächstes gingen beide die Punkte durch, die in Joes Augen einer gesunden und effektiven Zusammenarbeit der betroffenen Abteilungen schadeten. Joes Freund achtete bei der Zusammenfassung der Punkte darauf, so objektiv wie möglich zu sein und die Emotionen auszublenden.

Auf dieser Basis erarbeiteten beide Lösungsansätze im Sinne eines Change-Managements. Denn nur durch eine konsequente Veränderung in den Teams und auf Abteilungsebene würde ein zielgerichtetes und effizientes Arbeiten wieder möglich sein.

DER ZEIGEFINGER

Vorbereitung ist das A und O

Gut vorbereitet vereinbarte Joe einen Gesprächstermin beim Firmenchef. Und tatsächlich stieß er auf Gehör. Joe brachte nicht nur die von ihm festgestellte Schieflage zur Sprache und bot gleich entsprechende Lösungsvorschläge an, sondern er ging auch noch einen Schritt weiter. Er hatte ein umfassendes Konzept erarbeitet, wie durch eine neue Abteilung die entstandene Unruhe beigelegt und zudem effektiver gearbeitet werden könnte. Im Wesentlichen basierten seine Gedanken auf dem Konzept des Vorgesetzten, der von Anfang an den Weg eines Neubeginns im Sinne eines Change-Prozesses hatte gehen wollen.

Diese umfassende Weitsicht wusste Joes Chef zu würdigen und zu schätzen. Möglich war das, weil beide ein sehr ähnliches Werteverständnis hatten. Joe nutzte bildlich gesprochen den »Zeigefinger«, hob ihn und zeigte so an: Wenn nicht sofort etwas geändert wird, dann betrifft das nicht nur das Zusammenwirken der Abteilungen, sondern des ganzen Unternehmens, denn es würde sonst einen wertvollen Mitarbeiter verlieren – »love it, change it or leave it«!

Hier griff »change it«. Der Chef verstand Joe und ermöglichte Veränderungen – einen Change, was auch den Verbleib von Joe im Unternehmen ermöglichte. Joe bekam letztlich die Chance, ein neues Team nach seinen Vorstellungen aufzubauen, mit dem er seine Aufgabe störungsfrei umsetzen konnte. Für die dadurch freiwerdende Position in seiner alten Abteilung hatte Joe bereits einen Nachfolger aus seinem Team im Auge, der zuverlässig die Leitung und die Erfüllung der Aufgaben gewährleisten konnte. Ein Happy End.

Genau hier liegt der Unterschied zu Christians Geschichte.

Joe hatte einen Chef, der die Werte lebte, die er postulierte, der offen für eine ehrliche Aussprache war, in der Missstände angesprochen wurden, und der Joe in seinem Bestreben unterstützte, einen Umbauprozess zu initiieren und entsprechend umzusetzen. Möglich war das, weil Joe sich im Vorfeld des Gesprächs Gedanken gemacht hatte und Lösungsansätze aufzeigen konnte.

Christian hingegen bekam nicht einmal die Möglichkeit zu einer offenen Aussprache – folglich brauchte er sich vor dem Hintergrund auch keine Gedanken über mögliche Lösungswege zu machen. Er wäre ohnehin auf taube Ohren gestoßen. Für Christian blieb nur die Alternative »leave it«.

Bei Joe »färbten« sich durch die Veränderungen die »infizierten« Glieder des »Ringfingers« (Stichwort »Work-Life-Balance«) von »rot« zurück auf »grün«, weil die »roten« Glieder des »Zeigefingers« (Team), die Ursache, wieder »grün« wurden.

DER ZEIGEFINGER

Als Führungskraft Chancen erkennen und nutzen

Es kann auch anders kommen. Dazu ein weiteres Beispiel.

BARBARA Barbara kam durch Zufall in die Tourismusbranche und wurde aufgrund ihres kaufmännischen Hintergrunds von einem großen Reiseanbieter für die Planung von touristischen Angeboten eingestellt. Schnell arbeitete sie sich in die diversen Thematiken ein. Ihr machte die Arbeit Spaß und sie nutzte jede Chance für die berufliche und persönliche Weiterentwicklung. Die Art zu arbeiten, der Umgang mit Kolleg:innen und Geschäftspartner:innen und ihr überdurchschnittliches Engagement kamen bei ihrem Arbeitgeber gut an. So kam es, dass ihr innerhalb der Betriebssparte der Aufbau eines neuen Teams anvertraut wurde.

Ihre Vorgesetzte sah Barbaras Potenzial und traute ihr auch die nötige Durchsetzungskraft zu. Von Beginn an war Barbara mit Begeisterung dabei – nicht nur wegen der Verantwortung für ein eigenes Team, sondern auch aufgrund der Aufgabe, die das Team künftig umsetzen sollte, was den Daumen »grün« färbte.

Barbara hatte beim Aufbau der Abteilung freie Hand. Sie konnte ihre Teamkolleg:innen aus dem Unternehmen rekrutieren, aber auch neue Kolleg:innen anwerben. Das Verhältnis zur Vorgesetzten war von Anfang an gut. Ihre Chefin war eine An-

Seite 56 ff. ◁ hängerin des Level-5-Leadership-Prinzips (vgl. Modell nach Jim Collins), was auch zu Barbaras Einstellung passte. Die Kolleg:innen der anderen Abteilungen kannte Barbara, weil sie mit allen schon zusammengearbeitet hatte. Man schätzte sich gegenseitig, und was noch hinzukam: Alle Teamleader:innen freuten sich mit ihr über die große Chance, eine eigene Abteilung zu leiten, und sicherten ihre Unterstützung zu, wenn sie diese benötigte.

Nach dem Handmodell waren also vom »Zeigefinger« bereits das »untere Glied« (Vorgesetzte) und das »mittlere Glied« (Abteilungsleiter:innen auf gleicher Ebene) »grün«.

Der Mix im Team macht den Unterschied

Bevor Barbara ihr Team aufstellte, tauschte sie ihre Gedanken zum Aufbau ihres Teams mit einem Abteilungsleiter aus, unter dem sie schon Projekte initiiert hatte. Sie suchte ihn als Sparringspartner aus, weil er schon lange im Unternehmen war, die Branche mit ihren Herausforderungen kannte und weil er, wie sie, nach der Philosophie »The Big Five for Life« (vgl. Kapitel »Daumen / Aufgabe«) lebte. Sein Rat lautete: Stell dir ein Team zusammen, das aus »alten Hasen« und jüngeren Mitgliedern besteht. Barbara hatte schnell drei Kolleg:innen im Auge, die sie für ihr Team gewinnen wollte. Darunter war ein echtes Urgestein des Unternehmens. Er zeichnete sich durch einen enormen Wissensschatz aus, galt aber als etwas eigen und schroff.

> Seite 17 ff.

Obwohl Barbara noch keine Erfahrungen in der Leitung einer Abteilung hatte, folgte sie bei der Zusammensetzung ihres Teams fünf Punkten: Erstens müssen die Kolleg:innen ins Team passen – sprich: sie wollte nicht automatisch nur die mit der besten fachlichen Qualifikation holen. Zweitens: Sie wollte

DER ZEIGEFINGER

auch nicht nach dem Motto »nur Freund:innen einstellen« verfahren, was nicht automatisch »First Who then What« ausschließt (vgl. Infobox »Level-5-Leadership-Modell« nach Jim Collins). Man muss nicht mit jedem und jeder im Team befreundet sein. Es kommt vor allem auf die generelle Harmonie an, um gemeinsam ziel- und aufgabengerecht zu arbeiten. Drittens: Die Teammitglieder müssen in der Lage sein, eigenständig Aufgaben zu erkennen und zu arbeiten. Viertens: Jedes Abteilungsmitglied sollte eine gesunde intrinsische Motivation haben. Und daher ist fünftens das Team beim Recruiting einzubinden.

[Seite 111 ff.]

Teamkolleg:innen sind keine Freund:innen

Nach ein paar Wochen hatte Barbara ihr Team zusammengestellt. Die Arbeit konnte losgehen und eigentlich lief die Zusammenarbeit rund. Eigentlich. Es gab aber etwas, das Barbara irritierte: Gerade bei dem erfahrensten Kollegen hatte sie das Gefühl, als ließe er sie immer wieder auflaufen – vor allem bei den regelmäßigen Teammeetings. Sie fragte sich, ob das wohl an ihrer Führungsqualifikation läge und sie den Herausforderungen vielleicht noch nicht gewachsen wäre. Also suchte sie ihren Sparringspartner auf, ihren ehemaligen Abteilungsleiter, und reflektierte mit ihm die Situationen. Weil ihr Kollege den altgedienten Mitarbeiter kannte, konnte er verstehen, dass sie das Gefühl hatte, er ließe sie immer wieder »auflaufen«.

In Folge rief ihr ehemaliger Abteilungsleiter ihr zunächst einen ihrer Grundsätze ins Gedächtnis: Wir sind bei der Arbeit kein Freundeskreis, sondern ein Team, das gemeinsam Ziele verfolgt. Nach diesem Prinzip arbeitete auch das angesprochene Teammitglied. Daher waren seine Kritik oder Anmerkungen nicht negativ motiviert, sondern aufgrund seiner Erfahrungen konstruktiv gemeint. Er nahm sich zurück, überlegte die diskutierten Punkte, glich sie mit seinem Wissen ab und brachte dann seine Gedanken vor. Durch seine eigenwillige Art wirkte das jedoch wie offene Kritik. Dem war aber nicht so. Der Kollege war absolut an guter Teamarbeit interessiert.

Dank dieses Gesprächs sah Barbara ihren altgedienten Teamkollegen mit anderen Augen. Wenn er nichts im Meeting sagte, so war für ihn alles in Ordnung und Barbara nach seiner Einschätzung auf dem richtigen Weg. Das gab ihr Sicherheit. Äußerte er sich, so zeigte sich – mit dem neuen Blickwinkel, den Barbara nun eingenommen hatte –, dass seine Gedanken wertvoll für die Teamarbeit waren und dass es sich lohnte, seine Anregungen weiter zu vertiefen. Für Barbara war das ein Lernprozess, der ihre Führungsqualitäten weiter ausbaute.

DIE KUNST DER SELBSTREFLEXION

Selbstreflexion ist für modernes Leadership von großer Bedeutung, da sie Führungskräften ermöglicht, ihr eigenes Verhalten, ihre Werte und ihre Denkmuster zu verstehen. Durch Selbstreflexion können sie ihre Stärken und Schwächen erkennen, ihre Entscheidungsprozesse verbessern und ihre Führungsqualitäten weiterentwickeln. Der kritische Blick auf die eigenen Fähigkeiten fördert eine authentische und mitfühlende Führung, verbessert die zwischenmenschliche Kommunikation und unterstützt die Entwicklung einer positiven Unternehmenskultur. Letztlich ermöglicht Selbstreflexion Führungskräften, wirksame und inspirierende Führungsmodelle zu schaffen, die den Anforderungen der modernen Arbeitswelt gerecht werden.

Aber das gilt nicht nur für Führungskräfte. In der modernen Arbeitswelt sind auch Mitarbeiter:innen zur Selbstreflexion aufgefordert. So veröffentlichte das »Frankfurter Allgemeine Personal« zu diesem Thema einen Beitrag unter dem Titel »Lebenslanges Lernen: In der Arbeitswelt 4.0 müssen sich Mitarbeiter persönlich weiterentwickeln«, in dem dargestellt wird, dass es in der heutigen Arbeitswelt für Unternehmen von großer Bedeutung sei, dass die Mitarbeiter:innen mehr Selbstreflexion üben würden. Das liege vor allem an den veränderten Arbeitsbedingungen.

Laut der Studie »Die Kunst des Führens in der digitalen Revolution« von Kienbaum und StepStone sollten Unternehmen ihren Mitarbeiter:innen im Zuge der Digitalisierung mehr Freiräume einräumen. Die Förderung von Freiräumen für eigenverantwortliches Arbeiten trage zur Förderung von Innovationen bei. Die Menschen würden in Zukunft stärker selbst bestimmen, wie sie arbeiten. Damit würden sie auch zunehmend Verantwortung für ihr eigenes Management übernehmen, und eine hohe Selbstkompetenz sei also gefragt. Gleichzeitig erfordere das ein Führungsverständnis, das auf einer vertrauensvollen Beziehung basiere und Feedback und die Förderung der Mitarbeiter:innen in den Mittelpunkt stelle.

Die »Frankfurter Allgemeine Personal« stellte zudem in einem bereits 2020 erschienenen Beitrag zum lebenslangen Lernen fest:

»Unter anderem infolge der Digitalisierung nimmt die Dynamik der Prozesse und Märkte zu, die Komplexität steigt. Ungewissheiten werden zu einer Konstanten. Von immer mehr Mitarbeitern wird Flexibilität und schnelles Handeln erwartet, und zwar gerade dann, wenn Neues zu bewältigen ist und gewohnte Handlungsmuster nicht oder nur bedingt übertragbar sind. Damit gewinnen Lernprozesse an Bedeutung. Lernen findet zunehmend auch durch die Reflexion von Erfahrungen statt. Entwicklungsbedarf lässt sich damit vermehrt aus der Rückschau erkennen.«[5]

Zu empfehlen ist in diesem Zusammenhang auch das Buch »Der innere Kompass: Wie wir mit unserer Intuition richtig entscheiden« von Daniel Goleman. Darin hebt Goleman die Rolle der Intuition bei Entscheidungsprozessen hervor. Er argumentiert, dass unsere intuitiven Fähigkeiten oft unterschätzt werden, dass sie jedoch eine wertvolle Informationsquelle für kluges Handeln darstellen. Das Buch bietet Einblicke in die Wissenschaft der Intuition, erklärt ihre verschiedenen Ausprägungen und zeigt auf, wie wir unsere intuitiven Fähigkeiten entwickeln und nutzen können, um bessere Entscheidungen zu treffen. Goleman betont in dem Zusammenhang auch die Bedeutung von Selbstreflexion, Achtsamkeit und emotionaler Intelligenz, mit denen wir unsere Intuition schärfen und ein ausgewogenes Verhältnis zwischen Intuition und rationaler Analyse erreichen. So sind wir besser in der Lage, fundierte und authentische Entscheidungen zu treffen, sowohl im beruflichen als auch im privaten Leben.

DIE TEAMDYNAMIK

Zurück zu Barbara und ihrer beruflichen Situation. Bei ihr ist es einfach: Die Aufgabe passt. Daher ist der »Daumen« »grün«. Wie oben schon festgestellt, ist ebenso der »Zeigefinger« von der Wurzel an, dem untersten Glied, »grün«. Auch der mittlere Teil des »Zeigefingers«, der die Abteilungschefs auf gleicher Ebene symbolisieren, spielt mit. Eventuell könnte das äußere Glied des »Zeigefingers« (Team) »rot« sein, weil es Irritationen durch den altgedienten Arbeitskollegen gab, aber das ist nicht der Fall. Zum einen, weil es wegen ihm keine ernsthaften Schwierigkeiten im Team gab. Das Team war motiviert und arbeitete harmonisch und zielgerichtet zusammen. Zum anderen lernte Barbara den konstruktiv kritischen Mitarbeiter wegen seiner sachbezogenen Reflexion zu schätzen und war schließlich froh, ihn im Team zu haben. Durch ein Sparringgespräch mit ihrem Kollegen konnte Barbara ihre Bedenken beruhigt ad acta legen. Der gesamte »Zeigefinger« ist bei Barbara »grün«, weil alles optimal zusammenspielt.

DER ZEIGEFINGER

TIPPS IN BEZUG AUF DAS TEAM

Grundsätzlich gilt: Ein Team besteht nicht nur aus den einzelnen Teammitgliedern. Zum Team gehört auch der Chef. Das betrifft nicht nur einen Abteilungschef, sondern bezieht auch die weiteren Vorgesetzten mit ein. Dabei ist nicht zu vergessen: Obwohl der Teamleiter ein Teil des Teams ist, hat er stets die Verantwortung.
Außerdem sollte jedem und jeder – gleich ob Teammitglied oder Verantwortliche:r – immer bewusst sein: Bei der Arbeit geht es nicht um Freund:innen oder gar »Familie« (vgl. Barbara). Es sind Kolleg:innen und es geht um optimale Zusammenarbeit.

Ob Team oder Vorgesetzte:r – für dich sollte immer gelten:

> Bemerkst du Unstimmigkeiten – egal, ob im Team, unter den Abteilungen auf gleicher Ebene oder im Zusammenhang mit dem oder der Vorgesetzten – beobachte ihren Verlauf und ihre Intensität. Sind sie nur vorübergehend und legen sich die Missstimmungen, ist alles im Rahmen.

> Ist das nicht der Fall, sieh genauer hin. Notiere dir für deine Analyse, was zu kontinuierlichen Unstimmigkeiten führt und von wem sie ausgehen. Ist eine Person dafür verantwortlich oder wirken mehrere Personen zusammen? Sind es fachliche Differenzen, persönliche Misstöne oder ist es gar beides?

ARBEITNEHMENDE

DIE TEAMDYNAMIK

> Suche dir eine:n Sparringspartner:in, mit dem oder der du deine Beobachtungen reflektieren kannst. Im Idealfall ist das eine Person aus deinem Arbeitsumfeld, deinem Team oder aus einer anderen Abteilung, mit der du zusammenarbeitest – wie im Fall von Barbara. Gibt es diese Person nicht, wähle wie Joe eine:n qualifizierte:n Freund:in. Kannst du auf beides nicht zurückgreifen, versuche deine Analyse so nüchtern und emotionslos wie möglich im Hinblick auf reine Fakten durchzugehen. Alternativ kannst du deine:n Vorgesetzte:n um einen professionellen Coach bitten.

> Bevor du das Gespräch mit deinem oder deiner Vorgesetzten suchst, prüfe für dich, ob er oder sie deinem Wertekompass entspricht. Wenn das nicht auf deine:n direkte:n Vorgesetzte:n zutrifft, geh einen Schritt weiter. Wie sieht es mit dessen oder deren Chef:in aus?

> Oft liegt die Ursache für eine Unzufriedenheit gar nicht in dem oder der direkten Vorgesetzten, sondern in den Vorgesetzten eine Etage höher. Welche Werte verfolgt die Geschäftsführung? Welche Strategie? Jede Unternehmensstrategie ist auch geprägt von Menschen, und wenn diese nicht mit deinen Zielen übereinstimmt, kann das sogar einen negativen Einfluss auf deine Weiterentwicklung haben. Mehr dazu erfährst du im nächsten Kapitel.

ARBEITNEHMENDE

DER ZEIGEFINGER

ARBEITNEHMENDE

> Wenn du im schlimmsten Fall nichts ändern kannst, dann folge dem Motto »love it, change it or leave it« und überlege dir eine Exitstrategie, damit deine »Hand« wieder »grün« werden kann. Ist es jedoch möglich, mit einem deiner Chefs oder mit einer deiner Chefinnen ein Gespräch zu vereinbaren, bereite dich darauf vor. Denke daran: Es geht nicht nur darum, Missstände aufzuzeigen, sondern auch darum, Lösungsansätze zu präsentieren!

> Wichtig: Die beschriebenen Punkte gelten nicht nur für Mitarbeiter:innen, sondern auch für Teamleader:innen. Wie unsere Beispiele gezeigt haben, können sie genauso von Unstimmigkeiten betroffen sein.

> Bleibt nur noch »leave it«, sieh dich rechtzeitig nach einer beruflichen Alternative um. Erst wenn diese sicher ist, kannst du kündigen. Bedenke: Der Sprung ins kalte Wasser ist mit Risiko behaftet und hat in der Regel finanzielle Folgen.

TIPPS FÜR FÜHRUNGSKRÄFTE UND VORGESETZTE

Als Führungskraft solltest du Interesse daran haben, dass die Zusammenarbeit in den Teams und unter den verschiedenen Abteilungen reibungslos funktioniert. Frage dich daher:

> Wie harmonieren die Teams untereinander und wie sieht es in den einzelnen Teams aus?

> Gib ein turnusgemäßes »360°-Feedback«? Das setzt auch voraus, laufend mit den Teams in Kontakt zu stehen.

> Um dir die Führungsaufgabe zu erleichtern, mache mit den Kolleg:innen einen Werte-Workshop und lege gemeinsam mit deinen Teammitgliedern fest, was euch wichtig bei der Arbeit ist. Werde also proaktiv. Dabei werden sich die Motivation deiner Kolleg:innen zeigen, etwaige unterschiedliche Auffassungen und wie ein Wertekompass aussieht. Bei augenfälligen Differenzen kannst du dann im Einzelgespräch nach Lösungen suchen, bevor es zu Spannungen kommt.

> Die so definierten Werte müssen dann in der Praxis auch gelebt werden (Level-5-Leadership-Prinzip und »The Big Five for Life«). Das Flywheel (Schwungrad) von Jim Collins gibt dir dabei eine Orientierung.

> Habe ein offenes Ohr, wenn Mitarbeiter:innen oder Teamleader:innen einer anderen Abteilung das Gespräch suchen. Lasse den Dialog auf jeden Fall zu.

ARBEITGEBENDE

DER ZEIGEFINGER

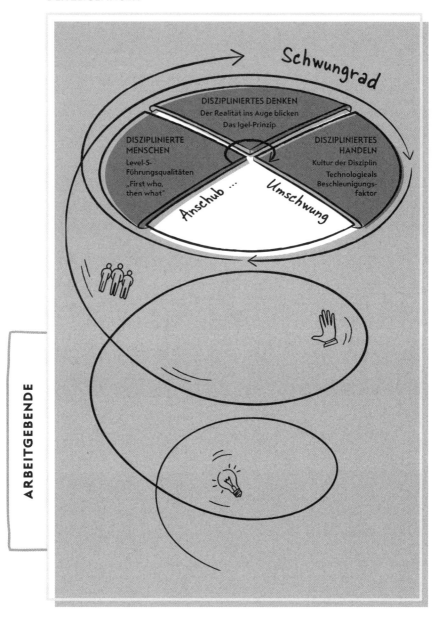

ARBEITGEBENDE

DIE TEAMDYNAMIK

> Auch für Chefs und Abteilungsverantwortliche gilt: Führe von Zeit zu Zeit eine Selbstreflexion durch – am besten mit einem qualifizierten Sparringspartner oder einer qualifizierten Sparringspartnerin.

Egal, ob Teammitglied, Teamleader:in oder gesamtverantwortlich:er Chefin: Wenn der »Zeigefinger« schmerzt oder erhoben, der buchstäbliche Zeigefinger in eine Wunde gelegt wurde, ist es Zeit, nach Lösungsmöglichkeiten zu suchen, denn: ein Change ist immer besser als ein Leave. Leave ist nur die »Notbremse«, wenn gar nichts mehr geht.

ARBEITGEBENDE

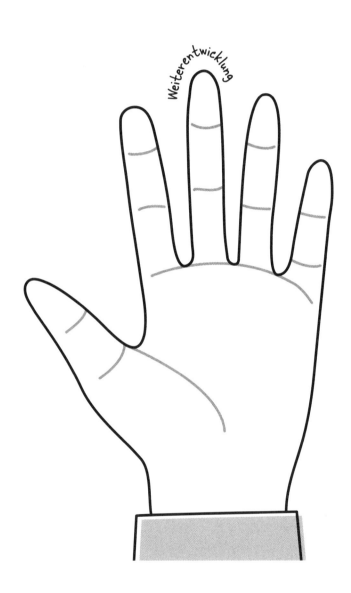

DER MITTELFINGER
Die Weiterentwicklung

Gewöhnlich fällt der Mittelfinger beim Betrachten der Hand durch seine Länge und seine zentrale Position auf. Anatomisch gesehen ist er wie jeder andere Finger aufgebaut: Eine untere, eine mittlere und eine äußere Phalanx – sprich Knochen oder Fingerglied. Er arbeitet eng mit den anderen Fingern zusammen, um Gegenstände zu greifen und festzuhalten. Dank seiner Position und seiner kräftigen Muskulatur kann er beim Greifen eine zentrale Rolle einnehmen und ermöglicht somit eine stabile und effiziente Griffhaltung. Der Mittelfinger hilft den anderen Fingern dabei, ihre Funktionen besser auszuführen. Er stabilisiert und balanciert das Zusammenspiel der Finger, insbesondere in Situationen, die, wie das Tippen auf einer Tastatur oder beim Binden eines Knotens, eine koordinierte Handhabung erfordern.

Symbolisch gesehen hat der Mittelfinger mitunter eine mächtige Bedeutung, die manchmal negativ sein kann. In einigen Kulturen und Gesellschaften, so auch in der unseren, wird das Zeigen des Mittelfingers als eine obszöne und beleidigende Geste angesehen, die Missachtung oder Ablehnung ausdrücken soll. In diesem Kontext steht der erhobene Mittelfinger für einen vulgären Ausdruck oder Verachtung.

In unserem Fall steht der Mittelfinger jedoch für die Weiterentwicklung, sowohl beruflich als auch persönlich. Beides geht in der Regel miteinander einher. Wie der Mittelfinger die anderen Finger beim Greifen oder Halten unterstützt, so ist die Weiterentwicklung ein wichtiger Bestandteil unseres Lebens. Wird sie gefördert, verstärkt sie unsere Kompetenzen und bringt uns auch menschlich weiter. Ist das nicht der Fall, wird sie gestört oder gar vernachlässigt, wirkt sich das in unserem beruflichen und privaten Alltag negativ aus.

DIE EXTRA-MEILE: FÖRDERUNG DER INDIVIDUELLEN ENTWICKLUNG

Kehren wir zu Lisa zurück. Auf den ersten Blick erhielt sie bei dem internationalen Consulting-Unternehmen ihren Traumjob.

 Das Umfeld und die Aufgabe passten. Das Unternehmen zeichnete sich nicht nur durch gute Rahmenbedingungen bezogen auf Arbeit und Teambuilding aus. Es legte darüber hinaus Wert auf Mitarbeitergespräche, die mindestens einmal pro Jahr durchgeführt wurden. Bei diesen Gesprächen ging es um die allgemeine Reflexion der letzten Monate und der momentanen Situation. Darauf aufbauend wurden Ziele im Hinblick auf die eigene Entwicklung im Besonderen und auf die Abteilung

DIE WEITERENTWICKLUNG

und das Unternehmen insgesamt besprochen. Das Unternehmen nahm diese Sache sehr ernst – scheinbar. Es hieß, die Gespräche würden sorgsam ausgewertet und Ergebnisse daraus flössen einerseits in die Maßnahmen zur allgemeinen Weiterentwicklung des Unternehmens und andererseits in die Förderung und Unterstützung der Mitarbeiter:innen.

Neben den Mitarbeitergesprächen hatte die Consultingfirma ein spezielles Programm für begabte und motivierte Menschen – sogenannte High-Potentials – aufgesetzt. Da Lisas Engagement, ihre Motivation und ihre generelle positive Einstellung nicht nur bei den Mitarbeitergesprächen auffielen, empfahl Lisas Chef ihre Teilnahme an dem speziellen Förderprogramm. Er schätze ihre Arbeit, sagte er und sicherte ihr zu, dass auch die Unternehmensleitung ihre Teilnahme befürworten würde.

Lisa erkannte die Chance, die sich dadurch bot, und war mit Begeisterung dabei. Das Programm half ihr außerdem dabei, ihre Gedanken und Ideen noch besser einbringen zu können. Doch es war auch umgekehrt: Durch die Teilnahme entstanden neue Ideen! Im Prinzip war das genau der Effekt, den das Unternehmen mit diesem Programm erreichen wollte: In High-Potentials investieren und von deren Arbeit und Impulsen profitieren, weil sie sich durch gezielte Schulungen weiterentwickeln. Ein Win-Win für beide.

Lisas Vorgesetzter förderte sie zusätzlich. Er übertrug ihr zunehmend mehr Verantwortung und betraute sie mit eigenen Projekten. Bestärkt durch diesen Vertrauensvorschuss und nicht zuletzt, weil sie die Leitung einer Filiale in Aussicht gestellt bekommen hatte, arbeitete Lisa eine Idee zu einem realistisch umsetzbaren Projektkonzept aus, von dem besonders diese spezielle Filiale profitieren sollte. Motiviert vereinbarte Lisa einen Termin bei ihrem Vorgesetzten und der Unternehmensleitung, um ihr Konzept vorzustellen. Es stieß tatsächlich auf Gehör und Zustimmung. Dennoch erlebte Lisa in Folge statt Walk the Talk – sprich: die Einhaltung des Versprechens – das genaue Gegenteil.

AUF NICHT EINGEHALTENE VERSPRECHEN FOLGT IMMER ENTTÄUSCHUNG

Mit der Ausarbeitung des Konzepts hatte Lisa gehofft, die in Aussicht gestellte Beförderung durch die Leitung der Filiale perfekt zu machen. Es wäre ihr erster großer Karrieresprung gewesen. Aber statt des versprochenen Upgrades erfolgte ein regelrechtes Downgrade. Die Firmenleitung stellte ihr zwar nach wie vor die Verantwortung für eine Filiale in Aussicht, aber sie sollte davor zwei Jahre lang in anderen Filialen bei verschiedenen Projekten quasi als »Springerin« aushelfen. Die Verantwortlichen der Firma argumentierten, Lisa würde dadurch das Unternehmen und dessen Kund:innen noch besser kennenlernen. Mit diesen Erfahrungen wäre sie dann gut gerüstet für die Leitung einer eigenen Filiale.

Lisa realisierte rasch, dass sie dadurch nicht nur um ihren bisherigen Status gebracht würde. Der Vorschlag hätte durch das häufige Umziehen in jeweils eine andere Stadt auch nicht zu unterschätzende finanzielle Auswirkungen auf sie gehabt. Zwar würde das Unternehmen einen Teil der Umzugskosten mittragen, aber das würde die Mehrkosten nicht auffangen. Im Endeffekt bliebe Lisa so weniger von ihrem Nettogehalt, ein Rückschritt in mehrfacher Hinsicht. Außerdem musste Lisa Grundlegendes erkennen: Die als so wichtig propagierten Mitarbeitergespräche wurden zwar von ihrem Vorgesetzten ernst genommen, doch seitens der Unternehmensleitung schien das nicht der Fall zu sein.

In den Gesprächen hatte Lisa immer wieder betont, wie wichtig ihr die Leitung einer eigenen Filiale sei und wie sehr sie darauf hinarbeiten würde. Sie bekam zu diesem Wunsch immer wieder ein positives Feedback mit der Aussage, sie sei dafür bereit – nicht nur durch ihren Chef, sondern auch vom Management des Unternehmens. Tatsächlich erfüllte aber das Unternehmen mit den Mitarbeitergesprächen nur eine Richtlinie im Rahmen einer Zertifizierung, die es zur angeblichen Qualitätssicherung eingeführt hatte. Nüchtern betrachtet waren die Mitarbeitergespräche nichts anderes als ein Marketingtool und nicht das vorgegebene Leben der Firmenphilosophie.

Lisa war enttäuscht und das in mehrfacher Hinsicht. Übertragen auf die Hand bedeutet das: Ihr »Mittelfinger« begann zu schmerzen und färbte sich »rot«. Zwar passte die Arbeit im Team und auch die Zusammenarbeit mit den anderen Abteilungen (»äußeres« und »mittleres Fingerglied«), aber das »untere Fingerglied« – stellvertretend für ihre übergeordneten Vorgesetzten – entzündete sich durch die Enttäuschung, weil die Versprechen nicht eingehalten wurden. Diese negative Erfahrung strahlte nun sinnbildlich gesprochen in den ganzen »Finger« aus und drohte, auch in den Rest der »Hand« zu wandern. Lisa stellte nun alles infrage. Sie hatte ihren Traumjob – ja. Aber war das auch ihr Traumunternehmen?

VERTRAUEN IST DER »KITT«, DER ALLES ZUSAMMENHÄLT

Kommen wir nun noch einmal zu Kathrin, der frustrierten Mitarbeiterin im Marketing. Ihre Arbeitswelt stellte sich durch mehrere gravierenden Ereignisse komplett auf den Kopf, was, das lässt sich unschwer erahnen, auch Einfluss auf ihre Weiterentwicklung hatte.

KATHRIN Zunächst lief es prächtig. Kathrin hatte in ihrer alten Firma alle Freiheiten, ihre Ideen einzubringen und sie umzusetzen. Das brachte ihr auch außerhalb des Unternehmens Anerkennung und Ansehen. Wenn Kathrin es für sinnvoll hielt, an einer Fortbildung teilzunehmen, konnte sie das ohne größere Rücksprachen machen.

Sie genoss das Vertrauen der Geschäftsführung und besonders das ihrer Vorgesetzten. Nicht zuletzt das trug zur Weiterentwicklung ihrer Persönlichkeit bei.

Das Thema Vertrauen ist ein Schlüsselaspekt in menschlichen Beziehungen, egal ob in der Familie, unter Freund:innen, in der Gesellschaft oder im Beruf. Ohne Vertrauen fehlt die Basis für starke zwischenmenschliche Beziehungen und erfolgreiche Zusammenarbeit. Im Hinblick auf die Arbeits- und Berufswelt gibt es dazu etliche bemerkenswerte Publikationen, wie das Buch »The Speed of Trust: The One Thing That Changes Everything« des US-Amerikanischen Autoren Stephen M.R. Covey. Er ist Unternehmer und Sohn des wohl noch berühmteren Autors Stephen R. Covey, der für sein Buch »The 7 Habits of Highly Effective People« weltweit bekannt ist.

»The Speed of Trust: The One Thing That Changes Everything« von Stephen M.R. Covey gilt als eines der einflussreichsten Bücher zum Thema »Vertrauen«. Covey betont darin die zentrale Bedeutung des Vertrauens sowohl in persönlichen als auch in Geschäftsbeziehungen. Er zeigt auf, wie Vertrauen als unsichtbarer, aber kritischer Faktor die Leistungsfähigkeit von Teams und Organisationen maßgeblich beeinflusst. Das Buch bietet praktische Ansätze und Strategien, wie Vertrauen aufgebaut, gestärkt und wiederhergestellt werden kann. Auf diese Weise wird eine vertrauensbasierte Kultur gefördert und langfristiger Erfolg ermöglicht. Covey betont, dass Vertrauen nicht nur eine höfliche Geste sei, sondern eine entscheidende Komponente in der Zusammenarbeit, die das Tempo und die Effektivität von Arbeitsprozessen und Beziehungen entscheidend beeinflusse.

Gerade in einer immer agiler werdenden Arbeitswelt ist eine solide, aufrichtige Vertrauensbasis unabdingbar. Der Diplom-Pädagoge Sebastian Kindler schreibt dazu in einem Beitrag für die Haufe-Akademie:

»... Veränderungsprozesse sind nicht immer einfach und seitens des Managements häufig mit der Frage verbunden, wofür Führungskräfte in einem agilen Umfeld überhaupt benötigt werden, wenn doch ohnehin ein Großteil der Entscheidungshoheit bei den Teams liegt. Das sorgt nicht selten für Widerstände, die meist nur mithilfe externer Beratung und Trainings abgebaut werden können.«[6]

Nach Kindlers Meinung ist es für Manager:innen entscheidend, Vertrauen in die Selbstorganisationsfähigkeit des Teams zu entwickeln. Dazu gehört auch, sich von operativen Aufgaben zurückzuziehen und sich stattdessen ganz auf strategische Aspekte wie die Weiterentwicklung des eigenen Verantwortungsbereichs zu konzentrieren. Diese Veränderung bringt das Unternehmen voran. Ein kontinuierlicher Austausch sorgt ebenfalls dafür, dass die Führungskraft stets über den aktuellen Stand der Prozesse informiert ist, den Überblick behält und bei Bedarf unterstützend eingreifen kann. Dieser Wandel geht einher mit einer Neuausrichtung der Unternehmenskultur. Statt auf Hierarchie und Kontrolle setzt man verstärkt auf Agilität, Partizipation und Vertrauen.

In diesem Zusammenhang sei noch das Konzept des britischen Psychologen und Managementtheoretikers Dr. Meredith Belbin erwähnt. Er entwickelte in den 1970er Jahren das Belbin's Team Role Model oder auch Belbin Team Inventory. Es betont die Bedeutung der Vielfalt von Charakteren und Persönlichkeiten in einem Team, um die Teamleistung zu verbessern. Belbin identifizierte neun Teamrollen, die verschiedene Verhaltens- und Kommunikationsstile in einem Team repräsentieren. Jede dieser Rollen bringt spezifische Stärken und Schwächen mit sich, die in verschiedenen Phasen eines Projekts oder einer Aufgabe von Vorteil sein können.

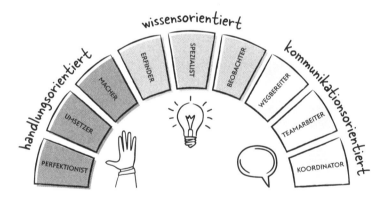

Ein ausgewogenes Team, das die verschiedenen Rollen vereint, hat in der Regel größere Chancen auf Effektivität und Erfolg. Die Anwendung des Belbin-Modells kann dazu beitragen, Teams besser zu strukturieren, Kommunikation zu verbessern, Konflikte zu minimieren und letztlich die Teamleistung zu optimieren. Es hilft, die individuellen Stärken jedes Teammitglieds zu erkennen und gezielt in der Teamarbeit einzusetzen.

DER MITTELFINGER

 Die Vertrauensbasis, die Kathrin über Jahre zu ihrer Vorgesetzten aufgebaut hatte, bekam Risse, als ihre Firma aufgekauft und umstrukturiert wurde. Natürlich geschah das nicht von heute auf morgen. Es war ein schleichender Prozess. Es fing damit an, dass Kathrin eines Tages einem Kunden eine umfangreiche Analyse geben wollte, die als Grundlage für die Verlängerung der weiteren Zusammenarbeit dienen sollte. Vor der Firmeneingliederung hatte Kathrin freie Hand und konnte solche Papiere ohne Freigabe weiterreichen. Ihre Vorgesetzte vertraute Kathrin und ihrer gründlichen Arbeit. Doch jetzt wollte die Vorgesetzte Kathrins Analyse durchsehen, bevor der Kunde die Präsentation als Diskussionsbasis bekam. Kathrin war zwar etwas verwundert, dachte sich jedoch nichts dabei.

Wenn das Vertrauen schwindet

Zu ihrer Überraschung kam ihre Vorgesetzte kurz nach der Abgabe zu ihr ins Büro, legte ihr die ausgedruckte Version des Dokuments auf den Schreibtisch und ordnete mit deutlichen Worten eine Überarbeitung an. Zudem merkte sie an, künftig alle Ausarbeitungen zur Freigabe sehen zu wollen. Ohne ihre Freigabe gehe künftig nichts mehr an Dritte. Kathrin wusste zunächst nicht, was ihre Vorgesetzte zu beanstanden hatte. Dann schlug sie den Ausdruck auf und sah die vielen Anmerkungen und Korrekturwünsche, die auf jeder Seite der Analyse eingetragen waren. Es gab nicht einen Absatz, der keinen Kommentar enthielt.

Kathrin konnte nicht verstehen, was sie falsch gemacht hatte. Sie hatte ihre Arbeit wie gewohnt getan. Das war jahrelang in

DIE WEITERENTWICKLUNG

Ordnung gewesen und nun wurde sie wie eine Praktikantin behandelt? Kathrin empfand auch die Tatsache als abwertend, dass ihre Chefin nicht das originale Worddokument zur Durchsicht anforderte, sondern ihre Anmerkungen händisch in den Ausdruck schrieb. So musste Kathrin jede gewünschte Änderung umständlich ins Worddokument übertragen. Hatte die Vorgesetzte einen schlechten Tag gehabt? Nein, es war tatsächlich so: Kathrin hatte fortan jedes Dokument vorzulegen. Wenigstens erfolgte die Freigabe danach auf elektronischem Weg.

Der Zustand war deprimierend für Kathrin und ein weiterer Baustein in einer Spirale, die sich abwärts drehte. Statt sich weiterzuentwickeln, machte sie mit jeder neuen Anordnung, die sie bekam, mit jedem Mal, dass sie selbständig verfasste Schriftsätze vorlegen musste oder dass ihre Ideen und Sichtweisen diskutiert wurden, Rückschritte. Kathrin hatte in der alten Firma zum Ausbau und zur Stärkung der Abteilung maßgeblich beigetragen und den Karren mehrfach buchstäblich »aus dem Dreck gezogen«. Kurz vor der Übernahme hieß es noch, dass eben diese Fähigkeiten auch bei der Strukturierung der neuen größeren Abteilung von Bedeutung wären. Kathrin begriff diese Perspektive zunächst als Chance, sich weiterentwickeln zu können. Doch dann schien sich alles ins Gegenteil zu verkehren. Vorbei waren die Tage der freien Entfaltung und selbstständigen Entscheidungen.

Zu Beginn versuchte Kathrin noch zu verstehen, warum ihre Vorgesetzte sich so verändert hatte. Lag es daran, dass sie sich selbst den neuen Strukturen und den Anordnungen des Vorstands fügen musste und nur weitergab, was von »oben« kam?

DER MITTELFINGER

Oder brachte die neue Situation einen Wesenszug von ihr ans Licht, der vorher keine Rolle gespielt hatte? Einem klärenden Gespräch, wie es früher möglich gewesen war, wich die Vorgesetzte mehrfach aus. Das Verhältnis veränderte sich von respektvoll-kollegial zu einem restriktiven Top-Down. Der neue Führungsstil der Vorgesetzten war nun dem eines klassisch patriarchisch geführten Unternehmens sehr ähnlich.

Die Summe mehrerer negativer Faktoren

Kathrins Situation ist ein gutes Bespiel dafür, wie sich verschiedene Einflüsse, in diesem Fall negative, verstärken und miteinander in eine Wechselwirkung treten. In ihrer ursprünglichen Firma war ihr »Mittelfinger« »grün« und sie hatte alle Möglichkeiten zu Weiterentwicklung. Selbst als ihr Unternehmen von einem größeren Konzern übernommen wurde, blieb er »grün«. Sie freute sich auf die neuen Herausforderungen. Jedoch merkte sie schon bald, dass sie nur eine unter vielen im Team war und nicht auf ihre alte Position als Bereichsleiterin aufbauen konnte. Ihr »Mittelfinger« fing an sich »rot« zu färben. Im neuen Konzerngefüge hatte sie keine Chance mehr auf Weiterentwicklung. Das geschah nicht aus eigenem Unvermögen oder Desinteresse, was es natürlich auch gibt: Manche Menschen legen keinen Wert darauf, an ihrer Persönlichkeit oder ihren Fähigkeiten zu arbeiten. Ihnen reicht es, dort zu arbeiten, wo sie stehen. Doch das war bei Kathrin anders. Sie wollte sich weiterentwickeln, und genau das wurde ihr auch in Aussicht gestellt.

Die Ursache, warum Kathrins »Mittelfinger« schließlich »rot« blieb, lag bei ihrer Chefin – dem »unteren Glied des Fingers«, und das nicht nur bei der Weiterentwicklung. Die Basis war schon beim »Zeigefinger« (vgl. Kapitel »Zeigefinger / Team«) gestört. Es war die gleiche Person, von der die Infektion sowohl im »Daumen« (vgl. Kapitel »Daumen / Aufgabe«) als auch im »Zeigefinger« ausging: ihre Vorgesetzte. Nun hatte es auch den »Mittelfinger« getroffen. Das zeigt, wie sich eine Infektion von nur einer (entscheidenden!) Person über viele »Finger« – sprich: Bereiche des Arbeitsalltags – ausbreiten kann und eine verheerende Wechselwirkung auslösen kann. Wenn klärende Gespräche nichts bewirken können und gar verweigert werden, bleibt eigentlich nur die Option: leave it – die Kündigung. Aber Kathrin war in ihrer Situation gefangen und wie gelähmt.

> Seite 49 ff.

> Seite 17 ff.

GEDULD ZAHLT SICH AUF LANGE SICHT AUS

Im Fall von Joe, dem jungen und innovativen Abteilungsleiter in einem Unternehmen der Automobilbranche, stagnierte die Weiterentwicklung zunächst. Zur Erinnerung: Zum einen wurde Joe von seinen Abteilungskolleg:innen blockiert. Sie sahen nicht ein, dass jemand schon in so jungen Jahren eine eigene Abteilung leiten durfte. Ihrer Ansicht nach stand das nur »altgedienten« Mitarbeiter:innen zu. Also entstand Unruhe, die sich auch auf die Arbeit in Joes Team auswirkte. Zum anderen bekam sein Chef diese Unruhe und die damit verbundenen Fehler in Joes Abteilung mit. Der Chef reagierte entsprechend, und Joe sank im Ansehen seines Vorgesetzten. Er stand vor der Frage: Wie geht es weiter? So laufen lassen – was unweigerlich zu seinem Verlassen der Firma geführt hätte, denn auf diesem Weg gab es keine Perspektive für Joe, auch nicht im Hinblick auf seine eigene Weiterentwicklung. Oder die Initiative ergreifen und durch ein gut vorbereitetes Gespräch mit seinem Chef alles klären?

Joe entschied sich für Letzteres und präsentierte seinem Vorgesetzten eine Alternative, die auf den Grundgedanken des Chefs basierten, einen Change-Prozess durchzuführen, der an den sich ständig verändernden Marktgegebenheiten ausgerichtet war. Um auch die Streitigkeiten auf der Abteilungsebene (»mittleres Glied des Zeigefingers«) zu beenden, enthielt Joes Konzept die Einrichtung eines neuen kleinen Teams unter seiner Leitung, das rascher auf die Veränderungen am Markt reagieren könnte. Joes Vorgesetzter erkannte die Vorteile und die Notwendigkeit der Überlegungen sofort. Für die Nachfolge als Abteilungsleiter:in in seinem alten Team schlug Joe gleich einen geeigneten Kollegen vor. Joe hatte nicht nur das Talent des Teammitglieds erkannt und den Kollegen stets gefördert, sondern er war auch davon überzeugt, dass es Zeit war, ihn für höhere Aufgaben zu empfehlen.

Joes Chef ließ sich die Argumente durch den Kopf gehen und fragte ihn schließlich, warum er seine eigentlich gefestigte Position als Abteilungsleiter aufgebe, damit einem anderen eine Chance ermögliche und er sich darüber hinaus auf das Wagnis einer neuen Abteilung einlasse. Schließlich war nicht sicher, wie sich diese neue Abteilung entwickeln würde. Natürlich bestand im Hinblick auf den Erfolg ein gewisses Risiko. Joes Antwort lautete: Er sehe in dem vorgeschlagenen Kollegen großes Potenzial und freue sich für ihn, wenn er ihm durch seinen Wechsel in eine andere – in diesem Fall neue – Abteilung zu einem Karrieresprung verhelfen könne. Bezogen auf sich, sei er sich sicher, dass er in der neuen Abteilung seine Stärken besser einsetzen könne, um diese effektiv aufzubauen – ein Win-Win für beide Seiten. Joes Chef zollte ihm für diesen Schritt Respekt und willigte dem von Joe vorgesehenen Umbau zu.

DER WEG ZUR WEITERENTWICKLUNG WIRD FREI

Soweit der Sachverhalt. Betrachten wir nun genauer, was das für die Ebene der Weiterentwicklung, den »Mittelfinger«, bedeutet. Damit Joes Weiterentwicklung wieder Fahrt aufnehmen konnte, musste er erst einen kleinen Schritt zurückgehen. Er sammelte sich, analysierte die Situation und überlegte, wie alles wieder in Fluss kommen könnte. Dazu erstellte er ein Konzept, das alle Aspekte der momentanen Lage berücksichtigte. Darauf aufbauend entwickelte er Alternativen, die die vorherrschenden Hindernisse beiseite räumen konnten und die auf die Zukunft ausgerichtet waren. Allein diese Reflexion war schon Teil seiner Weiterentwicklung. Statt durch eine Kündigung die Reißleine zu ziehen, ging er aktiv in die Offensive: Joe zeigte in Bezug auf seine Weiterentwicklung eine Perspektive auf. Ihm war klar, dass er, indem er seine alte Position verließ und die Verantwortung einer neuen Aufgabe übernahm,

DER MITTELFINGER

die zudem nicht klar strukturiert vorhanden war, weiterwachsen würde.

Anders gesagt: Joe verließ seine Komfortzone und begab sich – zumindest teilweise – auf Neuland. Durch die neue Aufgabe und Verantwortung erweiterte er sein Fachwissen, seine Führungskompetenzen und stärkte auch seine Persönlichkeit. Das tat er ebenso durch die Empfehlung seines Teammitglieds als Nachfolger in seiner alten Abteilung. Es ist menschlich ein großer Schritt, sich von seiner Position zu lösen, um einem anderen die Chance für seine Weiterentwicklung zu geben. Drohte Joes »Mittelfinger« sich auch »rot« zu verfärben, konnte er das durch seine Initiative verhindern. Alle Hindernisse und Unstimmigkeiten legten sich mit der Zeit durch den wieder aufgenommen Change-Prozess. Der Erfolg: Sein »Mittelfinger« blieb »grün«.

DIE WEITERENTWICKLUNG

Die Weiterentwicklung des Menschen ist ein umfassendes Thema, das viele Aspekte des individuellen Wachstums und der Verbesserung der Persönlichkeit abdeckt. Es gibt verschiedene Formen von Weiterentwicklung:

→ Persönlichkeitsentwicklung: Stärkung von Selbstbewusstsein, Selbstvertrauen, emotionaler Intelligenz, Kommunikationsfähigkeiten und Selbstreflexion.

→ Berufliche Weiterentwicklung: Aufbau von Fähigkeiten, Fachwissen und Qualifikationen, um bestimmte Karriereziele zu erreichen.

→ Selbstverbesserung: Entwicklung von Gewohnheiten, die zu einem gesünderen Lebensstil, besserer Gesundheit und mehr Wohlbefinden führen.

→ Bildung und lebenslanges Lernen: aktives Streben nach Wissen, Erwerb neuer Fähigkeiten und kontinuierliches Lernen.

→ Mentale Gesundheit: Bewältigung von Stress, Angstzuständen und psychischen Herausforderungen; Förderung einer positiven mentalen Einstellung.

→ Zwischenmenschliche Beziehungen: Verbesserung der sozialen Fähigkeiten, Kommunikation und Konfliktlösung in Beziehungen.

- → Führungsfähigkeiten: Entwicklung von Führungskompetenzen, Motivation von Teams und effektive Entscheidungsfindung.
- → Kreativität und Innovation: Förderung kreativer Denkprozesse und Herangehensweisen zur Lösung von Problemen.
- → Zeitmanagement und Produktivität: effizientes Zeitmanagement, Priorisierung von Aufgaben und Steigerung der persönlichen Produktivität.
- → Wertorientiertes Leben: Identifizierung von Werten, die das eigene Handeln leiten, und Ausrichtung auf ein sinnvolles und erfülltes Leben.
- → Soziale Verantwortung und Nachhaltigkeit: aktive Teilnahme an sozialen oder ökologischen Initiativen zur positiven Veränderung der Gesellschaft.
- → Finanzielle Kompetenz: Aufbau von finanzieller Bildung und Fähigkeiten zur besseren Verwaltung von Geld und Vermögenswerten.
- → Spirituelle Entwicklung: Exploration von spirituellen oder philosophischen Fragen und Entwicklung einer tiefen Verbindung zu inneren Werten.

Diese Themen sind eng miteinander verbunden und bilden ein vielfältiges Spektrum an Möglichkeiten für die persönliche Entfaltung. Kurz gesagt: Bei der Weiterentwicklung des Menschen geht es immer auch um einen kontinuierlichen Prozess, mit dem jeder seine Einzigartigkeit, seine Potenziale, Stärken, aber auch Schwächen, und seine Identität entfaltet.

Die wissenschaftlichen Positionen bezüglich des Themas »Persönlichkeitsentwicklung« weichen teils gravierend voneinander ab. Einige Forscher sind der Überzeugung, dass die Grundlage der Persönlichkeitsentwicklung einem psychodynamischen Ansatz entspricht, so wie bei Sigmund Freud, Alfred Adler und C. G. Jung postuliert. Weitere orientieren sich eher an konstruierten Modellen, die die psychosoziale Entwicklung und Identitätssuche in Stufen unterteilen, z. B. Erik H. Erikson oder James E. Marcia. Andere wiederum gehen von einer potenziellen lebenslangen Entfaltung aus, wie etwa Paul Baltes oder K. Walter Schaie.

Trotz der verschiedenen Ansätze wird der Begriff »Persönlichkeit«, also der Ausgangspunkt aller Überlegungen, im Allgemeinen wie folgt definiert:

»Als Persönlichkeit bezeichnet man in der Psychologie das für ein Individuum charakteristische Muster des Denkens, Fühlens und Handelns. Persönlichkeit meint damit die Gesamtheit aller Eigenschaften (Dispositionen) eines Menschen, durch die er sich von anderen Menschen unterscheidet. Insbesondere bezieht sich der Begriff auf die Verhaltensweisen eines Menschen, die aus dieser einen individuellen, d. h. einzigartigen Kombination von Merkmalen entsteht. Es gibt zahlreiche Perspektiven des Persönlichkeitsbegriffs, die sich vor allem dadurch unterscheiden, wie Persönlichkeit entsteht und wie diese sich wandelt bzw. auch modifizierbar ist.«[7]

DER MITTELFINGER

POTENZIALE ERKENNEN
UND FÖRDERN

Wie sieht es nun bei Barbara aus, der Teamleiterin, die mit Schwung und vielen neuen Ansätzen eine eigene Abteilung in einem Tourismuskonzern aufbauen durfte? Sie verstand es von Beginn an, ihre Teamkolleg:innen nicht nur bei Entscheidungen, sondern auch bei der Strukturierung des Teams einzubinden. Wie im Kapitel »Zeigefinger / Team« bereits erwähnt, orientierte sich ihr Führungsstil an dem Level-5-Leadership-Modell. Schon bei der Zusammensetzung ihres Teams verfolgte sie dementsprechend den Ansatz »**First Who, Then What**«.

Seite 49 ff.

Diesem Prinzip ging Barbara bei der Entwicklung ihrer Mitarbeiter:innen ebenfalls nach. Eine wesentliche Grundlage dafür waren die Mitarbeitergespräche, die sie einmal im Jahr oder in einigen Fällen auch nach Bedarf durchführte.

Anders als im Fall von Lisa, bei der diese Gespräche reine Formsache waren, ging Barbara in den Gesprächen auf ihre Mitarbeiter:innen ein und wertete die Gespräche aus. Sie diskutierte die Ergebnisse – entweder im Einzelgespräch oder, wenn es das Team direkt betraf, auch in der Gruppe – und definierte darüber das weitere Vorgehen.

Bei dem Konzept »First Who, Then What« aus dem Buch »Good to Great« von Jim Collins geht es um die Bedeutung von Menschen und Teamzusammensetzungen als erstem Schritt auf dem Weg von einer guten zu einer großartigen Organisation. Der Autor betont, dass erfolgreiche Unternehmen zuerst sicherstellen sollten, die richtigen Personen zu Teams zusammenzustellen, bevor sie strategische Entscheidungen treffen. Der grundlegende Ansatz dieses Gedankens ist es, talentierte und motivierte Menschen als Grundlage für den langfristigen Erfolg eines Unternehmens zu verstehen. Collins argumentiert, es sei entscheidender, die richtigen Personen zu haben, als eine spezifische Strategie oder Richtung festzulegen, da die richtigen Menschen sich gegebenenfalls anpassen und Veränderungen umsetzen könnten.

In seinem Buch bezieht sich der Autor auf Beispiele von Unternehmen, die den »First Who, Then What«-Ansatz angewendet haben, um von einem guten Unternehmen zu einem großartigen zu werden. Diese Firmen haben in talentierte Führungskräfte investiert, die die Unternehmenskultur prägen und ein starkes Team aufbauen konnten. Sie haben Veränderungen angestoßen, wenn es nötig war, und trotz Unsicherheiten und Herausforderungen das Vertrauen des Teams aufrechterhalten.

DER MITTELFINGER

Passt das Match, können Ziele definiert werden

 Neben den regelmäßigen Gesprächen legte Barbara Wert auf ein Jahresgespräch. Darin wurde zum einen das zurückliegende Jahr auf Basis der Auswertungen der Quartalsgespräche und der wahrgenommenen momentanen Situation besprochen. Im Zentrum stand dabei das gegenseitige Feedback in beide Richtungen, also Teamleiterin zu Mitarbeiter:in und Mitarbeiter:in zu Teamleiterin. Dahinter steckte nicht nur der Gedanke, Positives oder Negatives herauszufiltern, sondern Barbara ging es dabei hauptsächlich um die Entwicklung ihrer Mitarbeiter:innen. Natürlich waren auch die Ziele wichtig. Nach Barbaras Philosophie – First Who, Then What – war aber ausschlaggebender, dass die Mitarbeiter:innen ihre Situation, ihre Perspektiven und Wünsche artikulieren konnten. So ließ sich feststellen, ob Aufgaben, Anforderungen, Vorstellungen und Persönliches zusammengingen. War das überwiegend der Fall, konnten darüber auch die Ziele abgeleitet werden.

An dieser Stelle sei angemerkt: Mitarbeitergespräche sollten weitaus mehr sein als das bloße Abfragen von Zielen oder die Reflexion des zurückliegenden Zeitraums – gerade, wenn es um die Weiterentwicklung der Mitarbeiter:innen geht. Idealerweise nimmt der oder die Vorgesetzte eine coachende Rolle in den Mitarbeitergesprächen ein. Diese Vorgehensweise wird als »situatives Leadership« bezeichnet. Bei dem Führungsansatz passen Führungskräfte ihre Führungsstrategien und -stile an die individuellen Bedürfnisse und Fähigkeiten und an die jeweilige Situation ihrer Teammitglieder an, um eine optimale Leistung und Entwicklung zu fördern.

DIE WEITERENTWICKLUNG

In der empfohlenen Praxis verlaufen solche Gespräche zur Zieldefinition mehr oder weniger nach dem folgenden Muster ab: Ausgangspunkt sind das Selbstverständnis und die reflektierenden Gedanken des Mitarbeiters oder der Mitarbeiterin: **Wo siehst du dich?** Darauf folgt das Feedback des oder der Vorgesetzten, also das Fremdbild: **Wo sehe ich dich?**

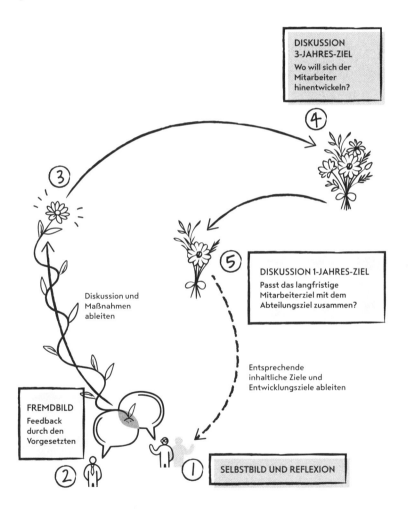

DER MITTELFINGER

Diese zwei Standpunkte werden diskutiert, und dann werden die nächsten Schritte abgeleitet. Es wird erst einmal überlegt, wo sich der Mitarbeiter oder die Mitarbeiterin in beispielsweise drei Jahren sieht, was seine oder ihre Ziele sind, wie seine oder ihre Vorstellungen aussehen und auf welchem Weg das erreicht werden könnte, statt gleich konkrete Maßnahmen festzulegen.

Die erarbeiteten Punkte werden festgehalten und bleiben erstmal so unkommentiert stehen. Nun erfolgt der vierte Schritt, und man geht eine Stufe zurück. Gemeinsam wird betrachtet, wie die Perspektive in einem Jahr aussieht. Man geht zusammen den Fragen nach, ob das langfristige Ziel des Mitarbeiters oder der Mitarbeiterin mit dem der Abteilung zusammenpasst oder nicht – stimmen die persönlichen Ziele mit denen der Abteilung überein?

Das alles klingt im ersten Augenblick sehr abstrakt. Das folgende Beispiel soll es anschaulicher machen:

Ein Mitarbeiter möchte aufgrund seiner Qualifikation als Betriebswirt in drei Jahren eine Führungsaufgabe übernehmen. Für das Unternehmen, in dem Fall den Vorgesetzten, spricht nichts dagegen. Er möchte den Mitarbeiter in seinen Ambitionen unterstützen und unterbreitet ihm einen Plan. Zunächst soll der Mitarbeiter Schulungen zum Thema »Teamleitung« besuchen. In einem zweiten Schritt wird er im Rahmen eines Projekts die Verantwortung für eine:n Auszubildende:n oder einen Praktikanten oder eine Praktikantin bekommen, nicht nur auf fachlicher, sondern auch auf disziplinarischer Ebene.

DIE WEITERENTWICKLUNG

Durch diese Zwischenschritte wird dem ambitionierten Mitarbeiter die Chance zur Weiterentwicklung gegeben, und er kann seine Kompetenzen für das anvisierte Ziel »Abteilungsleiter« ausbauen.

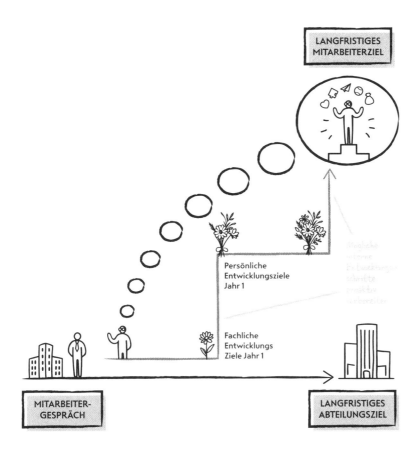

DER MITTELFINGER

Über die beschriebenen Zwischenschritte wächst der Mitarbeiter. Auf längere Sicht, vorausgesetzt die Mitarbeitergespräche werden kontinuierlich und ernsthaft fortgesetzt, gleichen sich die Ziele des Unternehmens und der Abteilung denen des Mitarbeiters an. Das fördert die intrinsische Motivation, und das Unternehmen profitiert von einem zufriedenen, aktiv mitdenkenden und mitarbeitenden Kollegen.

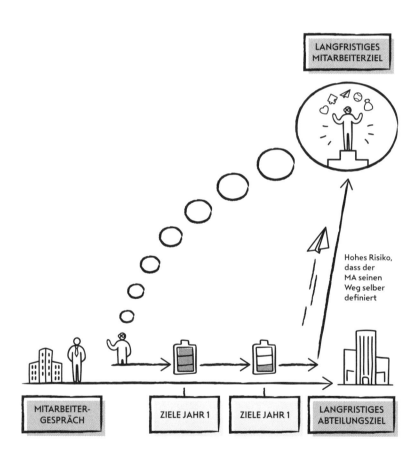

Versäumt man, gemeinsam mit dem Mitarbeiter Zwischenschritte zu definieren, oder erfolgen nach einem solchen Mitarbeitergespräch keine Feedbacks, kann es passieren, dass das Teammitglied seinen Weg selbst und unabhängig definiert. Nach einer gewissen Zeit entsteht dann ein Gap, denn Unternehmen und Mitarbeiter finden nicht mehr zueinander und driften auseinander. Das führt zu Enttäuschung und Frustration. Die Weiterentwicklung erfolgt auf diese Weise unkoordiniert und ist gestört. In der Symbolik der Hand gesprochen färbt sich der »Mittelfinger« bei dem Teammitglied, aber auch beim Vorgesetzten, »rot«. An dieser Stelle kann nur noch ein grundlegendes Gespräch die Situation retten. Bleibt ein solches aus, kann das durchaus zur Frage führen: »Change it« oder »leave it«?

Versprich nichts, was du nicht halten kannst

Bei Barbara, der engagierten Fachfrau im Tourismus, zeigten die Gespräche mit den Teamkolleg:innen im Wesentlichen eine Übereinstimmung der persönlichen Vorstellungen mit denen der Abteilung respektive den Zielen des Unternehmens. Sie hatte aber einen Mitarbeiter, der in Richtung Verkauf, Sales, gehen wollte. Er wünschte sich, näher an den Kund:innen und damit vor Ort zu sein. Barbara überlegte, wie sie seinem Wunsch entsprechen könnte. Da ihre Abteilung mit der Entwicklung von Produkten befasst war, konnte sie der Vorstellung des Mitarbeiters nur bedingt entsprechen. Fürs Erste verlagerte sie den Schwerpunkt seiner Aufgaben auf den späteren Vertrieb bei der Produktentwicklung.

DER MITTELFINGER

Es zeigte sich jedoch, dass dieser Zwischenschritt nicht dem entsprach, was sich ihr Kollege vorstellte. Um keine Enttäuschungen aufzubauen und den Mitarbeiter zu halten, informierte sie sich im Unternehmen, welche Möglichkeiten es für den Kollegen im Unternehmen gäbe. Dazu führte sie Gespräche mit ihren Kolleg:innen in den anderen Abteilungen, um gleichzeitig Brücken für den betreffenden Mitarbeiter zu bauen – ein Türöffner. Auch für Barbara selbst war die Situation eine weitere Stufe in ihrer Weiterentwicklung.

Durch die Aufmerksamkeit und den Blick auf ihre Kolleg:innen musste sie sich zum einen selbst Gedanken machen, wie sie durch die Weiterentwicklung des Teams ihre definierten Ziele erreichen konnte. Zum anderen bewegte sie sich im Fall des Mitarbeiters, der in den Vertrieb wechseln wollte, aus ihrer Komfortzone heraus. Sie musste zur Feststellung der Möglichkeiten mit dem Abteilungsleiter des Sales (gleiche Ebene – »mittleres Fingerglied«) Gespräche führen und Optionen ausloten.

DIE WEITERENTWICKLUNG

Das Fazit für den »Mittelfinger« von Barbara lautet: Er ist durchweg »grün«. Ihre Vorgesetzte (»unterstes Fingerglied«) unterstützt sie und lässt ihr beim Aufbau und bei der Leitung ihres Teams freie Hand. Positiv wirkt sich dabei aus, dass beide die Philosophie des Level-5-Leadership-Prinzips leben und einen regelmäßigen Austausch pflegen. Daher passt es auch für Barbara selbst als Teamleaderin (»mittleres Fingerglied«, die Abteilungsebene). Zu dem erweist es sich als vorteilhaft, einen Kollegen auf Abteilungsebene zu haben, der ihr Sparringspartner ist, wenn sie ihre Gedanken darüber hinaus reflektieren will. Und ihr Team (»oberstes Fingerglied«)? Hier passt es ebenfalls. Barbara schaut und unterstützt ihre Mitarbeiter:innen gemäß »First Who, Then What«. Davon profitiert sie selbst ebenfalls – eine gesunde Wechselwirkung.

DER MITTELFINGER

TIPPS IN BEZUG AUF DIE WEITERENTWICKLUNG FÜR ARBEITNEHMENDE

Der Mensch ist von Natur aus neugierig. Neugier spielt eine wichtige Rolle in seiner persönlichen Weiterentwicklung. Schon in der frühen Kindheit zeigt sich die Neugierde als ein Trieb, die Welt zu erkunden, zu verstehen und zu lernen. Diese angeborene Eigenschaft beeinflusst die persönliche Entwicklung. Wichtig ist allerdings zu beachten, dass Neugierde individuell variieren kann. Manche Menschen sind von Natur aus neugieriger als andere. Dennoch können die bewusste Förderung und Pflege der Neugierde eine wichtige Rolle bei der persönlichen Weiterentwicklung und Entfaltung spielen. So wird man ermutigt, offen für Lernen, Wachstum und Veränderung zu bleiben und die eigene Persönlichkeit auf vielfältige Weise zu entwickeln – in unserem Kontext: auch in Bezug auf den beruflichen Werdegang.

ANREGUNG FÜR MITARBEITER:INNEN, ABER AUCH FÜR VORGESETZTE

Mitarbeitergespräche sind kein Luxus oder ein Nice to have! Sie dienen der Reflexion, der Definitionen von Zielen, dem Abgleichen von Mitarbeiter- und Firmenzielen und damit der Weiterentwicklung. Wenn dein Unternehmen Mitarbeitergespräche durchführt, achte auf deren Qualität. In diesem Kapitel hast du erfahren, was wichtig ist und wie du dich auf sie vorbereiten kannst.

ARBEITNEHMENDE

DIE WEITERENTWICKLUNG

> Führt dein Unternehmen keine Feedbacks durch, fordere sie ein – zeige das Fehlen und die Vorteile solcher Gespräche auf. Melde dich auch, wenn die Qualität der Feedbackrunden nicht zielführend ist. Sprich an, was dir wichtig ist und was du dir vorstellst oder erfrage die Ziele deiner Firma, wenn sie nicht klar sind.

> Das setzt auch voraus: Mach dir Gedanken, wo du im Unternehmen hinwillst, wo du dich jetzt und in Zukunft siehst. Gleiche das mit deinen persönlichen Zielen (ZDE – vgl. Kapitel »Daumen / Aufgabe« ab). Ideal ist es, wenn deine privaten Ziele sich weitgehend mit deinen beruflichen decken. Behalte dabei auch die Ziele deiner Abteilung / deines Unternehmens im Auge: Gehen sie konform?   > Seite 17 ff.

> Werde aktiv! Wenn du an Schulungen teilnehmen oder eine andere Form von Weiterbildung nutzen möchtest, sprich deine:n Vorgesetzte:n darauf an. Von deiner Weiterentwicklung profitierst nicht nur du, sondern auch dein Unternehmen.

Mir ist bewusst, dass das Thema »Weiterentwicklung« in Unternehmen sehr unterschiedlich gehandhabt wird – manchmal auch gar nicht. Wenn dein »Mittelfinger« schmerzt, suche aber bitte unbedingt das Gespräch. Reagiert man nicht darauf oder nicht so, wie du es dir wünschst, überlege dir, welche Konsequenzen du daraus ziehen kannst.

DER MITTELFINGER

ARBEITGEBENDE

TIPPS IN BEZUG AUF DIE WEITERENTWICKLUNG FÜR FÜHRUNGSKRÄFTE UND VORGESETZTE

Dass sich ein Mensch weiterentwickeln will, liegt in seiner Natur. Er sollte daher auch immer die Chance bekommen, das zu tun. Letztlich zahlt sich eine Investition in die Weiterentwicklung von Mitarbeiter:innen immer aus: Ihre Motivation wird so gestärkt und Firmen- oder Abteilungsziele können erfolgreicher angestrebt werden.

> Vergegenwärtige dir den Employee Lifecycle, den Ausgangspunkt der Weiterentwicklung.

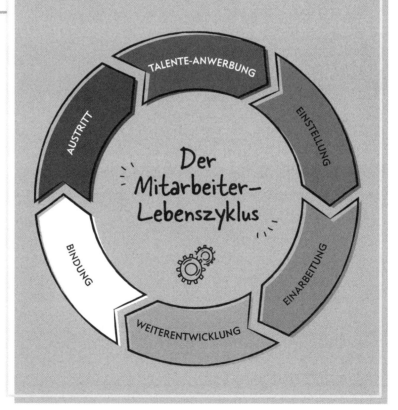

DIE WEITERENTWICKLUNG

› Mache dir eine Liste mit Abteilungszielen und definiere darin die Ziele für die einzelnen Teammitglieder. Ideal ist es, wenn es »Leuchttürme« gibt, die man gemeinsam anstreben kann.

› Überlege dir die notwendigen Kompetenzen in deiner Abteilung (Stichwort »Kompetenzmatrix«) und wie dein aktuelles Team diesbezüglich aufgestellt ist. Berücksichtige dabei auch kritische Positionen und notwendige Stellvertreter:innen. Das kann eine Basis für Entwicklungsmöglichkeiten im Mitarbeitergespräch sein.

› Dafür kann das Modell von Belbin eine Orientierung geben. (vgl. Konzept und Grafik)   › Seite 99

› Plane Mitarbeitergespräche. Voraussetzung ist, dass diese ernsthaft und zielorientiert geführt werden und nicht nur, um Vorgaben zu erfüllen. Schließlich sollen diese Feedbackrunden Erkenntnisse liefern, die den Mitarbeiter oder die Mitarbeiterin in seiner oder ihrer Weiterentwicklung unterstützen und dem Unternehmen nutzen.

Idealerweise sollten Vorgesetzte solchen Gesprächen ausreichend Zeit und Raum geben und sie, wenn möglich, an einen neutralen Ort und in entspannter Atmosphäre führen.

> Führe die Mitarbeitergespräche nach dem Muster »In fünf Schritten zur Zielvereinbarung«. Wie so ein Gesprächsverlauf aussieht, habe ich anhand von Barbaras Beispiel erläutert.

Begrenze die Anzahl der Ziele allerdings auf maximal fünf. Zu viele Ziele sind verwirrend und schwer einzuhalten.

> Welche Entwicklungsmöglichkeiten gibt es innerhalb des Unternehmens? Gibt es »nur« den Aufstieg als Linienführungskraft oder ist auch eine Expertenschiene etabliert? Es ist wichtig, auch Fachexpert:innen eine Perspektive zu bieten, denn nicht jede:r ist geeignet als Führungskraft und er oder sie möchte dennoch vorankommen. Beachte eine Grundregel: Mache nie deinen besten Experten oder deine beste Expertin zum Chef, denn so verlierst du einen wichtigen Mitarbeiter oder eine wichtige Mitarbeiterin und gewinnst einen schlechten Chef.

> Zeigt sich durch die Gespräche ein Gap zwischen den Zielen des Mitarbeiters oder der Mitarbeiterin und denen der Abteilung oder der Firma, ist es sinnvoll, gemeinsam Etappenschritte zu definieren, damit sich beide Zielvorstellungen angleichen können.

DIE WEITERENTWICKLUNG

> Zum Schluss zwei Dinge: Versprich nichts, was nicht eingehalten werden kann. Und denk immer an den Ausspruch, der dem Autor, Berater und Theoretiker im Bereich Management Peter Drucker zugeschrieben wird: »Culture eats strategy for breakfast«! Lebe »Walk the Talk«.

Du kannst Mitarbeiter:innen nur versprechen, ihnen alles, was in deiner Macht steht, auf ihren Weg mitzugeben. Aber sie müssen ihren Weg selbst gehen. Das kannst du nicht für sie erledigen.

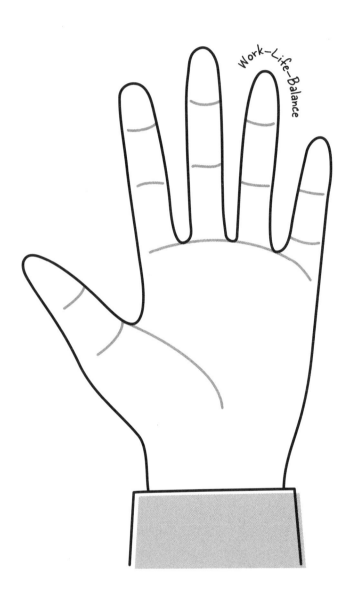

DER RINGFINGER
Die Work-Life-Balance

Der anatomische Aufbau des Ringfingers gleicht dem der anderen Finger, abgesehen vom Daumen: Der Ringfinger besteht aus dem unteren, dem mittleren und dem oberen Fingerglied. Auch seine Funktion ist ähnlich wie bei den anderen. Im Zusammenspiel mit den anderen Fingern ermöglicht er die Feinmotorik.

Anders sieht es bei der symbolischen Bedeutung des Ringfingers aus. Wie sein Name schon vermuten lässt, bezieht sich seine Bezeichnung auf die spezielle Verwendung des Fingers, an dem gerne Ringe getragen werden, die auf oft symbolische Bedeutungen wie Liebe, Bindung und Engagement. In vielen westlichen Kulturen wird der vierte Finger der linken Hand als der ideale Finger für den Ehering angesehen. Das rührt daher, dass man früher glaubte, eine bestimmte Vene, die »Vena amoris« oder »Liebesader« genannt wird, führe direkt vom Herzen zu diesem Finger. Die Vorstellung hat dazu beigetragen, die

DER RINGFINGER

Wahl des Ringfingers für Verlobungs- und Eheringe zu bevorzugen.

In einigen esoterischen Lehren werden den Fingern auch bestimmte Energien zugeordnet, und sie werden mit gewissen Elementen in Verbindung gebracht. In der traditionellen chinesischen Medizin und Philosophie wird der Ringfinger dem Herzen zugeordnet und mit dem Element Feuer verbunden. Gemäß dieser Philosophie gilt das Herz als Sitz des Geistes und der Emotionen, und es steht im Kontext von Feuer. Das Herz und der Herzmeridian sind mit Aspekten wie Emotionen, Bewusstsein, Liebe, Freude und geistiger Klarheit verknüpft. Aufgrund der westlichen und der chinesischen symbolischen Bedeutung des Ringfingers steht er in diesem Kapitel für die Ausgewogenheit von Job und Privatleben – ähnlich dem Yin und Yang.

DIE WORK-LIFE-BALANCE WIRD UNTERSCHIEDLICH DEFINIERT

Schauen wir uns wieder unsere Beispiele an. Wie steht es bei Lisa, der Consultingexpertin in der Automatisierungs- und IT-Branche, um das Verhältnis von Arbeit zu Privatem?

Lisa geht voll und ganz in ihrer Aufgabe auf. Auch die Zusammenarbeit mit ihren Teamkolleg:innen macht ihr Spaß. Daher sind ihr »Daumen« und ihr »Zeigefinger« »grün«. Über ihr privates Leben wissen wir bisher nichts. Das betrachten wir jetzt genauer unter dem Aspekt der Work-Life-Balance, für die der »emotionale« Ringfinger in der Hand-Analogie steht. Lisa zog für ihr Studium in eine Großstadt, kam jedoch ursprünglich aus einer ländlichen Region. Mit dem Studium baute sie sich einen neuen Freundeskreis auf und verliebte sich in ihre neue Heimatstadt mit all ihren Möglichkeiten und Angeboten. Das Consulting-Unternehmen, bei dem sie dann anfing, war allerdings in einer anderen Stadt ansässig. Kurz überlegte sie, dort hinzuziehen. Aber sie war unschlüssig, ob es eine gute Idee wäre, in dieser anderen Stadt zu leben, hatte sie doch ihren neuen Heimatort ins Herz geschlossen. Also wohnte sie die ersten vier Wochen bei einer Bekannten, die in der Stadt lebte, in dem ihr neuer Arbeitgeber seinen Sitz hatte. Sie merkte rasch, dass sie dort nicht glücklich war. Lisa entschied sich daher, lieber in »ihrer« Stadt wohnen zu bleiben und dafür täglich gut zwei Stunden zu ihrer Arbeit zu fahren.

Laut Statistik Austria gibt es in Österreich 2.347.926 Berufspendler:innen, die im Schnitt rund 27 Minuten für die Fahrt zur Arbeit aufwenden.[8] In Deutschland sind es sogar über 13 Mio. Menschen, die täglich zur Arbeit pendeln.[9] Jeder zweite von ihnen ist bis zu 30 Minuten unterwegs. 21 % nehmen eine Fahrtzeit zwischen 30 und 45 Minuten in Kauf, 27 % investieren sogar mehr als eine dreiviertel Stunde.[10]

Das sind natürlich Durchschnittswerte, die individuell unterschiedlich ausfallen können. Die Daten beinhalten das Benutzen des Autos sowie der öffentlichen Verkehrsmittel.

DER RINGFINGER

Dass ihre Arbeit herausfordernd sein würde, wusste Lisa bereits bei ihrer Einstellung. Und da ihr die Aufgaben in ihrem Job Spaß machten, störte sie auch das wöchentliche Arbeitspensum von gut 50 Stunden nicht. Zeit für Hobbys oder längere Abende mit Freund:innen blieb dabei natürlich nicht. Ihre Freizeitaktivitäten verlagerte Lisa auf das Wochenende, an dem sie ausschließlich das tat, was ihr gefiel. Weil Lisa in ihrer Arbeit aufging, fiel es ihr leicht, weniger Zeit für sich zu haben. Sie akzeptierte auch, täglich fast vier Stunden zur Arbeit hin und wieder zurück zu pendeln.

Lisa nutzte die Zeit in Zug und Bus, um während der Fahrt einiges von ihrem Arbeitspensum – wie Telefonate oder das Abarbeiten von E-Mails – zu erledigen. So verschaffte sie sich einen gewissen Freiraum für ihre eigentliche Arbeit. Mit dem eigenen Auto fuhr sie wenig zur Arbeit, weil sie dann die Fahrzeit nicht so effektiv hätte nutzen können.

Sie war gut strukturiert und organisiert. Hinzu kam, dass ihr Unternehmen ab gewissen Positionen und bestimmten Mitarbeiter:innen die Möglichkeit bot, einen Tag in der Woche von daheim aus zu arbeiten. Das geschah im Zuge einer zeitgemäßen Anpassung der Arbeitsbedingungen dort, wo es möglich und sinnvoll war. Natürlich sollte damit auch die Motivation der Kolleg:innen gesteigert werden, gerade bei denjenigen, die täglich länger zur Arbeit pendeln mussten. Für Lisa war das eine Erleichterung und eine zusätzliche Chance, ihre Arbeit noch freier zu gestalten. Vor dem Hintergrund aller genannten Aspekte war für Lisa, rein subjektiv betrachtet, der »Ringfinger« »grün«.

GEFAHR: ARBEIT ALS LEBENSINHALT

Aber: Wie sähe die Situation aus, wenn sich auch nur einer ihrer »grünen Finger« »rot« verfärben würdet, weil ein oder mehrere Umstände nicht mehr passen würden? Wir erinnern uns, dass Lisa bei der Weiterentwicklung, dem »Mittelfinger«, ausgebremst wurde. Sie bekam die in Aussicht gestellte Leitung der Filiale doch nicht. Weil ihr aber ihre Aufgabe und das Arbeitsumfeld so sehr gefielen, arrangierte sie sich auch hier mit der Situation, denn Lisa identifizierte sich mit ihrem Job.

So positiv das klingt, birgt es doch auch Gefahren in sich. Zum einen, weil übertriebener Ehrgeiz und Gewissenhaftigkeit auf Dauer zum Ausbrennen führen können (vgl. Kapitel »Daumen/Aufgabe«). Zum anderen bricht alles zusammen, ❯ Seite 17 ff. wenn die Identifikation nicht mehr gegeben ist. Was dann? Nachhaltig im Sinne einer Work-Life-Balance ist ein so intensives Arbeiten also nicht. Daher ist Lisas »Ringfinger«, objektiv gesehen, eigentlich »rot«.

In unserer heutigen Gesellschaft, in der Arbeit oft als integraler Teil des Lebens betrachtet wird, neigen manche Menschen dazu, sich von der Arbeit regelrecht beherrschen zu lassen. Diese Arbeitssüchtigen, auch »Workaholics« genannt, sind Personen, deren Leben stark von der Arbeit bestimmt wird. Das österreichische Sozialministerium berichtet, dass jede:r neunte Berufstätige im Land unter Arbeitssucht leidet. Ursprünglich als »Managerkrankheit« angesehen, betrifft die Störung mittlerweile nicht nur Führungskräfte, sondern auch Angestellte, Arbeiter:innen, Selbstständige, Student:innen, Hausfrauen und -männer und Rentner:innen. Die Grenzen zwischen intensiver Arbeitsleistung und Arbeitssucht sind oft schwer zu ziehen.

Arbeitssucht wird als fortschreitende pathologische Fixierung auf Arbeit definiert, begleitet von Kontrollverlust und Entzugserscheinungen. Die Symptome und Folgen ähneln anderen Suchterkrankungen. Interessanterweise wird übermäßige Arbeit in der Gesellschaft oft positiv bewertet, im Gegensatz zu anderen Süchten wie Alkohol- oder Drogenmissbrauch.

Wer ein Workaholic ist, entwickelt die Sucht oft schleichend, sodass Betroffene negative Konsequenzen wie Scheidungen oder soziale Isolation erst bemerken, wenn sie eingetreten sind. Daher ist es wichtig, auf eine ausgewogene Work-Life-Balance zu achten.

Wenn Hobbys, soziale Kontakte und persönliche Verpflichtungen vernachlässigt werden und die Arbeit sämtliche Lebensbereiche dominiert, besteht Handlungsbedarf. Gegenmaßnahmen könnten darin bestehen, soziale Kontakte zu pflegen, Freizeitaktivitäten nachzugehen, Zeit mit der Familie zu verbringen, Sport zu treiben oder sogar eine berufliche Auszeit zu nehmen. Das Ziel ist, das Augenmerk nicht ausschließlich auf den Job zu richten, sondern ein ausgewogenes und erfülltes Leben zu führen.

Allgemein gilt ein Mensch als arbeitssüchtig, wenn er einen unaufhörlichen Drang oder Zwang verspürt, ständig zu arbeiten. Dieses übermäßige Verlangen nach Arbeit erreicht dann ein Ausmaß, das sowohl die Gesundheit als auch die zwischenmenschlichen Beziehungen beeinträchtigt. Der Begriff »Arbeitssucht« beschreibt somit das unkontrollierbare Verlangen nach Arbeit und die daraus resultierende übermäßige Verstrickung in die Arbeit. Er umfasst auch die Folgen dieses Suchtverhaltens.

Der Diplom-Psychologe Karl-Ernst Bühler schreibt dazu im Ärzteblatt:
»Als prädisponierende Charakterzüge für eine mögliche Entwicklung von Arbeitssucht gelten eine extrem wettbewerbsorientierte Persönlichkeitsstruktur, Siegeswillen und Kontrollbedürfnis. Der Antrieb für außerordentliche Leistungen liegt dann in der Suche nach Erfolg und Anerkennung begründet.

Auch mangelndes Selbstvertrauen spielt in der Genese von Arbeitssucht eine entscheidende Rolle. Durch das exzessive Arbeiten versucht der Arbeitssüchtige Akzeptanz und Anerkennung zu erlangen. Auf diese Weise will er sein Gefühl der Unzulänglichkeit und seine Versagensängste unterdrücken.«[11]

Diese Auszüge dienen natürlich der reinen Hintergrundinformation und ersetzen keine fachmännische Burnout-Beratung. Im Zweifel oder bei Verdacht sollte immer eine entsprechende Fachberatung konsultiert werden!

DIE WORK-LIFE-BALANCE

Bei Kathrin ist die Lage eindeutig und noch ausgeprägter als bei Lisa. Wie bei vielen Menschen dreht sich bei Kathrin alles um den Job. Personen wie sie vergessen dabei, sich um ihren »Ringfinger« zu kümmern, also ihre Work-Life-Balance zu reflektieren.

Kathrin fokussierte sich ganz auf ihre Arbeit, die sie durch die vielen Umbrüche und neuen Situationen ständig neu herausforderte. Ihr Job hatte oberste Priorität. Sie stellte die Arbeit nicht nur über ihre Freizeit und ihre privaten Interessen, sondern sie dachte nicht einmal an einen Ausgleich. Schlimmer noch, die Arbeit war ihr wichtiger als ihre Beziehung. Nach den Erfolgen am Anfang ihrer beruflichen Laufbahn war es ihr wichtig, immer weiter Ergebnisse zu liefern, ungeachtet dessen, ob die Arbeit für sie überhaupt noch sinnstiftend war.

KATHRIN

Wie wir schon im Kapitel »Daumen/Aufgabe« festgestellt haben, bemerkte sie anfangs gar nicht, in welche Sackgasse sie sich manövrierte. Und später, als es ihr das klar wurde, wusste sie nicht, wie sie aus dieser Abwärtsspirale wieder herauskommen sollte.

> Seite 17 ff.

Ein Alarmsignal: Wenn man sich von Freund:innen abwendet

Das erste Indiz, das bei Kathrin auf einen Burnout hindeutete, war die Vernachlässigung ihres Privatlebens. Sie zog sich immer mehr von ihren Freund:innen und dem gesellschaftlichen Leben zurück. Sie sagte Treffen mit der Begründung ab, sie habe noch an einer ganz eiligen Sache zu arbeiten. Anfangs war das kein Problem. Ihre Freund:innen hatten Verständnis. Gerade, wenn eine Firma neu strukturiert wird, fallen neue Aufgaben an, und vieles wird kurzfristig umorganisiert. Aber mit der Zeit fiel es allen auf: Ständig sagte Kathrin Treffen ab und verschob sie – selbst an den Wochenenden war kaum Zeit, denn die Arbeit stand bei ihr immer im Mittelpunkt. Wenn sie mal Luft für ein gemeinsames Treffen hatte, konnte sie nur über ihren Job reden. Etwas anderes gab es nicht.

Die Freund:innen machten sich Sorgen. Einige versuchten Kathrin bei ihren gemeinsamen Treffen darauf anzusprechen. Kathrin reagierte gereizt und verärgert auf diese Nachfragen. Man merkte, wie unausgeglichen sie war. Sie ließ keinen mehr an sich ran, selbst ihren Lebenspartner nicht. Natürlich versuchte auch er, mit ihr über ihr Verhalten zu reden und darüber, dass der Job stets an erster Stelle bei ihr stehe. Kathrin verstand die Sorge und das damit verbundene Alarmsignal nicht; sie begriff nicht, dass etwas aus dem Gleichgewicht geraten war. Sie deutete das Nachhaken ihres Lebenspartners als Angriff auf ihre Person. War sie denn nicht genug unter Druck durch ihre Arbeit? Warum kritisierten alle sie, statt Verständnis für ihre Lage aufzubringen?

Die Streitigkeiten zwischen ihr und ihrem Lebenspartner nahmen zu. Beide fingen an, sich voneinander zu entfernen. Kathrin fühlte sich daheim nicht mehr wohl und freute sich immer schon darauf, am nächsten Tag wieder zur Arbeit zu gehen. Das erfüllte sie zwar auch nicht, aber dort hatte sie immerhin eine Aufgabe, und sie dachte, irgendwann würde es schon besser werden, wenn sie nur hart genug arbeitete. Eines Tages eskalierte die Situation zwischen ihrem Lebenspartner und ihr. Nach einer heftigen Diskussion war er zutiefst gekränkt, ratlos und traurig. Er packte rasch ein paar Sachen und zog für ein paar Tage zu Freund:innen, um selbst wieder Kraft zu finden. Aber auch dieser Tiefpunkt brachte Kathrin nicht dazu, innezuhalten und umzudenken. Zwar wusste sie, dass etwas gewaltig nicht stimmte, aber sie wusste nicht, wie und was sie ändern sollte.

Kathrins »Ringfinger« war »tiefrot«.

Wochenendbeziehungen müssen kein Work-Life-Balance-Killer sein

In unserer modernen Arbeitswelt gibt es Pendler:innen, die täglich zur Arbeit fahren, und auch diejenigen, die nur zum Wochenende heimkommen. Das sind nicht nur Manager:innen; oft kommen solche Menschen aus der Beratungsbranche, sie sind Monteur:innen oder spezielle Facharbeiter:innen.

Christian fällt in diese Kategorie. Er führte eine Wochenendbeziehung. Unter der Woche lebte er an seinem Arbeitsort, wo er auch eine kleine Wohnung hatte. Dieses Leben passte für ihn, denn so konnte er sich die Woche über ganz der Arbeit widmen. Dennoch achtete er darauf, dass diese ihn nicht dominierte. Er trieb zum Ausgleich regelmäßig Sport, traf sich ab und an mit Kolleg:innen zum lockeren After Work oder beschäftigte sich zuhause mit etwas. Seine kleine Wohnung sah er nicht nur als »Schlafschachtel« an. Er hatte sie gemütlich

CHRISTIAN

eingerichtet, sodass er sich darin wohlfühlte, wenn er von der Arbeit nach Hause kam.

Christian lebte bewusst und gesundheitsorientiert. Daher reflektierte er von Zeit zu Zeit, ob die Waage für ihn immer noch ausgeglichen war. Meistens machte er das, wenn er mit seinem Rad längere Strecken fuhr und den Kopf frei bekam, um nachzudenken.

Auch das Führen einer Wochenendbeziehung passte in seine momentane Lebensphilosophie. Erstens hatte er eine Partnerin, die ebenfalls mit einer Wochenendbeziehung einverstanden war. Zweitens hatten beide keine Kinder. Sie konnten sich ihr Leben ohne Verpflichtungen so einrichten, wie es ihnen gefiel. Drittens hatte Christian unter der Woche viel Zeit für sich allein; Zeit, die nur ihm gehörte, sodass er am Wochenende nicht das Bedürfnis hatte, auch etwas für sich alleine zu tun. Und viertens: Weil beide unter der Woche getrennt und beschäftigt waren, freuten sie sich darauf, am Wochenende etwas gemeinsam zu unternehmen und Zeit zu zweit zu verbringen.

Für Christian war es die perfekte Work-Life-Balance – sein »Ringfinger« war also »grün«.

ALLES EINE FRAGE DER ORGANISATION

Kommen wir zum Schluss zu Barbara, die wir ebenfalls unter dem Gesichtspunkt Work-Life-Balance betrachten. Wir wissen, dass Barbara eine sehr engagierte und offene Führungskraft ist. Sie beschäftigt sich mit modernen Führungsstilen und bindet ihr Team bei Entscheidungen ein. Oberflächlich betrachtet, mag es den Eindruck erwecken, als sei sie »24/7« für den Job da. Das ist aber nicht der Fall!

Barbara hat ein kleines Kind und handelte gleich bei der Einstellung eine Teilzeitbeschäftigung auf 20-Stunden-Basis aus, und das, obwohl es sich um eine Führungsposition handelte. In der Regel ist Teilzeit noch in vielen Unternehmen ein Ausschlusskriterium. Denn nach Vorstellung der meisten Unternehmens- und Personalverantwortlichen **muss** jemand mit Führungsaufgaben eine Vollzeitanstellung haben. Sonst können ihrer Meinung nach die anfallenden Aufgaben und die erforderliche Verantwortung nicht erfüllt werden.

Aber Barbara hatte Glück. Einerseits favorisierte ihre direkte Vorgesetzte ebenfalls einen modernen Führungsstil, andererseits war das gesamte Unternehmen offen für zeitgemäße Arbeitsmodelle. Wichtig war nur: Die Aufgaben sollten zuverlässig und zielführend im Sinne des Unternehmens erfüllt werden. Barbara wusste bereits vor ihrem ersten Arbeitstag, wie sie ihre Arbeitszeit optimal zu strukturieren und zu organisieren hatte. Sie war sicher: Was sie nicht in 20 Stunden schaffen konnte, würde sie auch nicht in 30 erledigen können. Zeit mit ihrem Kind zu verbringen und auch Raum für ihre eigenen

Interessen zu haben, war ihr genauso wichtig, wie ihrem Job professionell nachzugehen.

Einige ihrer Teammitglieder hatten zu Beginn Zweifel, ob ihr diese Form von Work-Life-Balance gelingen würde. Ein paar von ihnen befürchteten sogar, die Freizeit ihrer Teamchefin ginge zu Lasten des Teams. Aber Barbara konnte diese Bedenken schnell entkräften. Denn was für sie galt – ein Anspruch auf ein ausgewogenes Arbeits-Freizeit-Verhältnis – ließ sie selbstverständlich auch für ihr Team gelten.

Diese Freizügigkeit entsprach ihrer gesamten Führungsphilosophie. Der Schlüssel dazu war, die Arbeit strukturiert zu organisieren, Überflüssiges zu vermeiden, effektive, zielgerichtete Meetings abzuhalten und gegebenenfalls die Prozesse situativ anzupassen.

Mitarbeitergespräche spielten ebenfalls eine Rolle. Sie dienten nicht nur der Reflexion der reinen Arbeit, es ging auch darum festzustellen, ob jemand überlastet oder vielleicht unterfordert war. Mit den Ergebnissen konnte Barbara unter Berücksichtigung der Stärken und Schwächen ihrer Mitarbeiter:innen eine Übersicht erstellen, wer woran arbeitete . Auch die persönlichen Ziele der einzelnen Teammitglieder konnte sie so in die Überlegungen mit einbeziehen. Natürlich erreichte sie diese Struktur nicht von heute auf morgen. Aber weil sich alle als Team begriffen, arbeitete jeder daran mit.

Vorsicht bei der Extra-Meile!

Um ihr Team zu unterstützen und auch zu entlasten, legte Barbara ihre eigenen Termine oft an die Randzeiten. So konnte sie sich während der Kernzeiten ganz auf ihr Team konzentrieren. Ihr war klar, dass sie dadurch auch gelegentlich über ihr definiertes Arbeitspensum hinaus würde arbeiten müssen. Außerdem schaltete sie sich bei Besprechungen außerhalb ihrer Dienstzeiten von daheim aus per Videoübertragung zu, wenn es nötig war. Barbara war sich dessen bewusst, dass solche Ausnahmen rasch zur Gewohnheit werden können, und dass so etwas schleichend geschieht. Um das im Auge zu behalten, notierte sich Barbara diese Stunden in ihrem Terminkalender, wie auch ihre Freizeiten. Diese behandelte sie genauso wie geschäftliche Termine und blockte sie; eine Methode, die sie auf einem Seminar für Zeitmanagement gelernt hatte. Denn Führungskräfte neigen dazu, nur Geschäftliches zu vermerken, aber Auszeiten für sich nicht fest einzuplanen.

Im Ausgleich zu den Extra-Stunden ging Barbara ab und an früher aus dem Büro nach Hause. Das kommunizierte sie offen. So wusste jede:r, sie nimmt einen Ausgleich zur geleisteten Arbeit. Und nicht nur das: Die Offenheit war auch für ihr Team ein Anstoß, besser auf die eigene Work-Life-Balance zu achten. Zusätzlich wies sie ihre Kolleg:innen freundlich darauf hin, auch an sich zu denken, sobald sie merkte, dass jemand sich gerade in die Arbeit verbiss und die Zeit vergaß.

DER RINGFINGER

Barbara ist insofern ein gutes Beispiel, weil es zeigt: Man muss nicht 150 % arbeiten und Vollzeit angestellt zu sein, um ein Team aufzubauen und insgesamt beruflich erfolgreich zu sein. Bei entsprechender Organisation und Disziplin erreicht man die gesteckten Ziele auch mit weniger Zeitaufwand. Man ist fokussierter und effektiver, um das Ziel zu erreichen, bestimmte Aufgaben innerhalb einer definierten Zeit zu erfüllen.

Was ebenfalls wichtig ist, sind Pausen. Jede:r, der Sport treibt, weiß, wie wichtig Pausen dabei sind, egal, welche Sportart man ausübt. Pausen verschaffen uns die Kraft, um weitermachen zu können: Sie sorgen zum einen dafür, dass wir uns nicht über Gebühr verausgaben. Zum anderen, und das ist viel wesentlicher, kommen die Muskeln so auch zwischendurch zur Ruhe und in der Ruhe-Phase wächst das Muskelgewebe: Das in der Phase der Anspannung und Arbeit »Erlernte« wird verarbeitet und verfestigt.

Genauso verhält es sich im Job. Leben und Arbeiten sollten in einem guten Verhältnis zueinander stehen und eine gute Verbindung miteinander eingehen. Es verhält sich wie bei der chinesischen Philosophie mit Yin und Yang: Keines kann ohne das andere existieren – ohne Licht kein Schatten, ohne Ruhe keine Leistung. Um es moderner auszudrücken: Man arbeitet, um zu leben, und nicht umgekehrt.

**TIPPS FÜR ARBEITNEHMER:INNEN
UND FÜHRUNGSKRÄFTE**

»Arbeit ist alles« versus »Arbeit ist nicht alles« – dahinter steckt ein Kulturthema. Zu Zeiten unserer Eltern und wiederum derer Eltern galt nur derjenige oder diejenige etwas, der oder die hart arbeitete – die meisten Menschen mussten damals arbeiten, um über die Runden zu kommen und eine Familie zu ernähren. Dieses Verständnis von Arbeit wurde vielen von uns vorgelebt, die aus der Generation der Babyboomer (ca. 60er Jahre), der Generation X (ca. 70ger Jahre) und noch bedingt der Generation Y (ca. 80er Jahre) kommen. Mit dem Implementieren neuer Führungsstile und dem Aufkommen neuer Erkenntnisse zu den Themen »Arbeitsprozesse und -welten« in Verbindung mit neuen Technologien änderte sich diese Anschauung. Dennoch ist das alte Verständnis von Arbeit noch vielfach verbreitet. Salopp gesagt, galt für die Boomer- und die Generation X: Wer früher geht, ist faul. Das hat sich grundlegend geändert. Die nun auf den Arbeitsmarkt nachrückenden Generationen haben eine andere Ansicht von Arbeit. Den Jüngeren geht es – auch wieder salopp formuliert – um Selbstverwirklichung und den Genuss von Freizeit. Der Sinn der Arbeit wird hinterfragt. So wie das Pendel in den Nachkriegsjahrzehnten in das eine Extrem ausschlug, so scheint es sich jetzt in die Gegenrichtung zu bewegen. Man muss dabei aber auch bedenken:

ARBEITNEHMENDE UND -GEBENDE

DER RINGFINGER

ARBEITNEHMENDE UND -GEBENDE

Das eine ist ebenso wenig förderlich wie das andere. Die Mitte ist der Königsweg. Arbeit und Freizeit sollten in einem ausgewogenen, gesunden Verhältnis zueinander stehen. Das Thema ist auch eng mit der generellen Thematik »Arbeitskultur« verbunden. Aus diesem Grund muss man offen darüber sprechen und einen allgemeinen Konsens finden. Das gilt für Arbeitnehmer:innen und Unternehmen gleichermaßen. So wenig man es mit der Arbeit übertreiben sollte, so wenig sollte man gleichzeitig in der Freizeit mit dem Ausgleich über die Stränge schlagen. Nicht jede:r muss in der Freizeit 50 Kilometer radfahren, um sich zu entspannen. Jede:r hat ein individuelles Gespür dafür, was ihn oder sie entspannt und was sein oder ihr Ausgleich zur Arbeit ist. Entscheidend ist, sich neben anderen Aktivitäten oder Hobbys wie lesen oder handwerklich tätig zu sein, Zeit für Bewegung zu nehmen. Klingt komisch? Nein, denn Stress wird durch Bewegung abgebaut. Durch Bewegung werden Hormone, sogenannte Endorphine, freigesetzt. Das sind natürliche Wohlfühlhormone, die Stress reduzieren und das allgemeine Wohlbefinden steigern. Daher ist es wichtig, immer maßvoll und ausgewogen in Bewegung zu bleiben, sei es nun durch eine Sportart oder einen regelmäßigen Spaziergang im Wald oder im Stadtpark. Es geht darum, abzuschalten, Kräfte zu regenerieren und den Kopf frei zu bekommen, um auch über sich selbst nachdenken zu können.

DIE WORK-LIFE-BALANCE

Ich möchte das Kapitel mit einem Gleichnis angelehnt an James Patterson schließen, der in seinem Roman »Tagebuch für Nikolas« die »Geschichte von den fünf Kugeln« erzählt. Stell dir vor, das Leben bestünde daraus, mehrere Bälle zu jonglieren. Einer davon ist die Arbeit und einer die Gesundheit. Der Ball für die Gesundheit besteht aus Glas. Fällt er auf den Boden, zerbricht er in tausend Scherben und kann nur schwer repariert werden.

Der amerikanische Bestsellerautor Stephen R. Covey behandelt diese Thematik in seinem Buch »Die 7 Wege zur Effektivität«. Covey zeigt in dem Buch auf, wie man eine gesunde und produktive Lebensführung erreichen könne. Covey betont, dass Effektivität nicht nur auf berufliche Leistung bezogen werden solle, sondern auch auf persönliche Entwicklung und Beziehungen. Eine gelungene Balance zwischen Arbeit und Privatleben beruht seiner Ansicht nach auf Prinzipien wie Priorisierung, proaktivem Handeln und empathischer Kommunikation. Indem man sich auf die wichtigen Dinge konzentriere und klare Ziele setze, könne man eine erfüllende Balance zwischen beruflichen Anforderungen und persönlichem Wohlbefinden schaffen. Die Gedanken Coveys verdeutlichen die Bedeutung der eigenen Gesundheit im Gleichgewicht mit anderen Lebensbereichen.

ARBEITNEHMENDE UND -GEBENDE

DER RINGFINGER

ARBEITNEHMENDE UND -GEBENDE

**TIPPS FÜR ARBEITNEHMER:INNEN,
ABER AUCH FÜR FÜHRUNGSKRÄFTE**

> Sorge dafür, dass deine physische und psychische Gesundheit genug Aufmerksamkeit bekommt. Reflektiere dazu von Zeit zu Zeit deine aktuelle Situation.

> Bedenke: Dein Körper nimmt sich die Zeit, die er braucht, wenn du sie ihm nicht gibst. Das bedeutet: Wer keine Pausen einlegt – egal, ob bei der Arbeit oder in der Freizeit –, gibt dem Körper keine Chance, sich zu regenerieren. Das geht in der Regel eine Zeit lang gut, aber dann »erzwingt« sich der Körper eine Pause, z. B. durch Krankheit.

> »Work smart, not hard«: Effizienz erreicht man nicht durch Aktionismus oder durch zusätzliche Stunden am Arbeitsplatz. Mit überlegtem, geplantem und sinnvollem Arbeiten lassen sich Ziele leichter und kräfteschonender erreichen. Zeitmanagement ist nicht nur für Manager:innen wichtig!

> Verrenne dich nicht. Achte auf Warnsignale, wie Hinweise von Freund:innen und Familie oder eben von deinem Körper.

TIPPS FÜR FÜHRUNGSKRÄFTE UND VORGESETZTE

› Achte auch auf dich selbst! Trage dir in deinen Terminkalender Zeit für dich ein. Behandle diese Zeiten wie Geschäftstermine. Diese Zeit ist für dich reserviert – es ist »ein Termin mit dir«.

› Lebe deinem Team eine ausgewogene Work-Life-Balance vor. Wenn du frei machst, z. B. für deinen Sport, kommuniziere es offen.

› Besprich mit deinem Team Dos and Don'ts im Hinblick auf die Work-Life-Balance am Arbeitsplatz. Legt gemeinsam fest, woran ihr euch orientieren wollt. Alles, was außerhalb der Firma geschieht, ist allerdings Privatsache.

› »Beobachte« dein Team. Ist jemand überfordert oder tendiert sichtbar in Richtung Workaholic? Wenn ja, organisiere professionelle Hilfe. Damit ist nicht zu scherzen. Expert:innen wissen am besten, wie man in so einem Fall unterstützen oder helfen kann.

› Berücksichtige bei Kapazitätsplanungen, wer bereits am Limit arbeitet. Diese Form von Planung gibt dir einen Überblick, wer überlastet ist.

ARBEITGEBENDE

DER RINGFINGER

ARBEITGEBENDE

Die Grundlage für alle Tipps ist die Frage, welchen Stellenwert die Work-Life-Balance in deinem Unternehmen und deiner Organisation hat. Dabei spielt die Unternehmenskultur eine Rolle. Eine offene Diskussion räumt Missverständnisse aus und baut Brücken. Letztlich profitieren alle von einer ausgewogenen Work-Life-Balance: das Unternehmen, die Vorgesetzten und alle Arbeitnehmer:innen. Die Erkenntnis »In einem gesunden Körper wohnt ein gesunder Geist« des römischen Dichters Juvenal ist bis heute wahr..

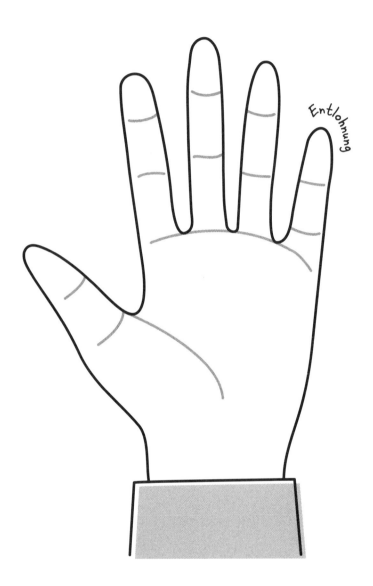

DER KLEINE FINGER
Die Entlohnung

Der kleine Finger ist anatomisch nicht anders aufgebaut als seine »großen Brüder«: Er besteht aus drei Gliedern und unterstützt in seiner Funktion die anderen. Aber wie die anderen Finger hat auch er seine Besonderheiten.

Im Allgemeinen wird der kleine Finger mit Kommunikation in Verbindung gebracht. So heißt es in der Handlesekunst: Ein langer kleiner Finger steht für intellektuelle Neugierde und ausgeprägte Kommunikationsfähigkeiten, wohingegen Menschen mit verkürztem kleinem Finger als schüchtern und zurückhaltend gelten.

In diesem Kapitel soll der kleine Finger für Anerkennung und Kommunikation stehen – als Symbol für Recognition und Rewarding, also für Wertschätzung, Würdigung oder auch Belohnung oder Geld. Im Alltag wird dem kleinen Finger in der Regel keine große Bedeutung zugemessen. Er ist einfach da. Hat man sich diesen Finger aber verletzt, wird schnell klar, wie wichtig er ist.

DER KLEINE FINGER

Verletzungen gerade dieses Glieds schmerzen ungemein und ziehen sich oft über die gesamte Hand. Entsprechend verhält es sich auch bei Recognition und Rewarding. Ist alles in Ordnung, werden Anerkennung und Entlohnung schon fast als selbstverständlich angesehen. Man nimmt beides zur Kenntnis, aber wehe, das Gehalt ist nicht zum Monatsersten auf dem Konto! Ebenso kann Geld im Job auch aus anderen Gründen, die höchst unterschiedlich sind, zum Thema werden. So wird das Gehalt in Verbindung mit der eigenen Leistung häufig als »Gradmesser« genommen, um die eigene Arbeit mit der der Kolleg:innen zu vergleichen. Aber nicht nur zu wenig monetäre Vergütung, sondern auch fehlende Anerkennung oder Wertschätzung können den »kleinen Finger« zum Schmerzen bringen – das gilt z. B. dann, wenn man Tag für Tag sein Bestes gibt und statt eines einfachen Lobs nur Kritik erfährt. Das tut weh und kann schnell auf die restlichen »Finger« ausstrahlen.

GELD IST NUR EIN TEIL DES GESAMTPAKETS

Lisa war bei ihrer Entscheidung für den Job bei dem Consulting Unternehmen bewusst, dass sie Abstriche machen müssen würde – beispielsweise durch das Pendeln zwischen ihrem Wohnort und ihrem Arbeitsplatz. Diesen Punkt habe ich bereits im Kapitel »Mittelfinger / Work-Life-Balance« vertieft.

Seite 91 ff.

Sicher, Lisa hätte an ihrem Wohnort einen wesentlich besser bezahlten Job bekommen können. Die Stadt war größer, lag im Einzugsgebiet mehrerer Ortschaften und bot durch die Vielzahl dort ansässiger Firmen ein entsprechend breiteres Berufsangebot. Ihr war auch klar, dass durch das Hin- und Herfahren ein finanzieller Mehraufwand entstehen würde, der nicht erstattet würde oder steuerlich berücksichtigt werden könnte.

Aber sowohl die Aufgabe, die sie erwartete, als auch die Perspektiven, die sich aus dem Job ergeben würden, waren für sie zu reizvoll, als dass sie diese Chance hätte ausschlagen können. Mit dem, was die Firma ihr monatlich zahlte, war Lisa immerhin zufrieden. Sie empfand das Gehalt als fair, zudem reichte es, um ihren gewünschten Lebensstandard trotz der finanziellen Mehraufwendungen zu halten. Man kann sagen, ihr »kleiner Finger« hätte »rot« sein können, aber weil die finanziellen Abstriche gemessen an der Aufgabe und den Perspektiven für sie akzeptabel waren, hielt der Schmerz sich in Grenzen. Hinzu kam das gute Verhältnis zu ihrem direkten Vorgesetzten. Er förderte Lisa und sparte nicht an Anerkennung. Er war mehr ihr Mentor als nur ihr Chef. Das schätzte Lisa sehr.

Unfairness und mangelnde Transparenz sind nicht zu unterschätzen

Diese Akzeptanz schlug schlagartig um, als Lisa per Zufall erfuhr, was eine Kollegin verdiente. Zwar war diese nicht in ihrer Abteilung, aber Lisa kannte ihren Hintergrund und ihre Aufgaben. Die Kollegin hatte – im Gegensatz zu Lisa selbst – keine akademische Ausbildung und war Assistentin des Teamleiters ohne Projekt-Verantwortung. Während eines Gesprächs in der Kaffeeküche ging es eigentlich um Belangloses und den beruflichen Alltag. Dabei rutschte der Kollegin heraus, was sie verdiente. Sie bezeichnete es selbst angesichts ihrer Aufgaben als großzügig. Lisa bewahrte äußerlich die Fassung, aber innerlich war sie entsetzt.

Lisa konnte die Diskrepanz, die sich da auftat, nicht begreifen. Jemand, der weniger – in dem Fall keine – Projekt-Verantwortung hatte, der, was die Aufgaben betraf, nicht einmal annähernd auf dem gleichen Anspruchsniveau arbeitete wie sie selbst und zudem im gleichen Alter wie sie war, bekam mehr Gehalt als sie?

Das stand ihrer Ansicht nach in einem Widerspruch zu dem, was das Unternehmen ihr bei der Einstellung vermittelt hatte: Dass man Wert auf Transparenz lege, auf leistungsbezogene Entlohnung sowie auf Engagement in puncto Verantwortungsbereitschaft und Weiterbildung. Darüber hinaus rühmte sich das Unternehmen damit, ein weltweites Job-Grading zu haben, das für jede:n einsichtbar war. Das bedeutet, dass alle Spezifikationen für einen Job und die entsprechende Entlohnung genau aufgelistet sind. Wenn also jemand ein Junior Consultant oder die Assistenzkraft eines Teamleaders oder einer Teamleaderin ist, kann er oder sie genau einsehen, was die Tätigkeit beinhaltet, welche Voraussetzungen zu erfüllen sind und wie die Einstufung ist. Hätte das Unternehmen nach diesen Richtlinien gehandelt, hätte es keine Diskrepanz zwischen Stellendefinition, genereller Einstufung und dem tatsächlichen Gehalt geben dürfen.

DIE ENTLOHNUNG

Was die Kollegin verriet, stand also in einem klaren Widerspruch zu den geltenden Regelungen in dem Unternehmen und war nicht Walk the Talk (vgl. Kapitel »Zeigefinger / Team«). ❯ Seite 49 ff. Wenn Lisa eines aus der Fassung bringen konnte, dann war es Unfairness. Und die hatte sie schon bei der in Aussicht gestellten Filialleitung erfahren, als das Management der Firma nicht mehr zu seinem Wort stehen wollte. Nun war ihr »kleiner Finger« definitiv »rot«, denn dieser Umstand war für Lisa nicht mehr akzeptabel.

Rewarding ist nicht gleich Recognition

Die Zwischenüberschrift beschreibt Kathrins Situation genau. Mit der Eingliederung ihrer alten Firma in den neuen, größeren Konzern behielt Kathrin ihre Position als Bereichsleiterin zunächst. Sie bekam sogar etwas mehr Gehalt, ein größeres Büro und einen entsprechenden Dienstwagen. Kathrin freute sich zu Beginn sehr über diese Form der Aufwertung. Außerdem wirkte noch der »Rückenwind« aus ihrer alten Firma nach. Wegen ihres umfangreichen Know-hows und dem damit verbundenen fachlichen Ruf war sie häufiger in diversen Medien. Das schmeichelte ihrem Ego, und auch das Unternehmen wusste das für sich zu nutzen.

Was Kathrin aber übersah, war der Umstand, dass Prestige – und nichts anders sind Dienstauto und Medienauftritte – nicht unbedingt gleich Würdigung und Wertschätzung bedeutet. Sie hätte es bereits daran merken können, dass ihre Vorgesetzte sie immer weiter in den Hintergrund drängte und sie auf die Stufe eines normalen Teammitglieds stellte, ja, eigentlich muss man sagen: degradierte. Zwar behielt Kathrin ihren Status als Bereichsleiterin und die damit verbundenen Annehmlichkeiten, aber die Medienauftritte oder Vorträge außerhalb des Unternehmens nahm ab einem gewissen Zeitpunkt vermehrt ihre Chefin wahr.

DIE ENTLOHNUNG

In einem Blogbeitrag veröffentlichte der US-amerikanischen HR-Service »xenium« kürzlich die Erkenntnisse einer Umfrage, die die US-amerikanische Softwareplattform für Kundenbeziehungen und Geschäftsprozesse, Salesforce, zum Thema Recognition durchgeführt hat. Die Quintessenz der Studie ergab: Mitarbeiter:innen werden durch viel mehr als nur durch Geld motiviert. Selbst in wirtschaftlich unsicheren Zeiten sind unzufriedene Mitarbeiter:innen bereit, ihre aktuellen Arbeitgeber:innen für andere zu verlassen, die höheren Wert auf Anerkennung und Engagement legen. Laut dem US-amerikanischen Softwareanbieter für Humankapitalmanagement »Workhuman« (ehemals »Globoforce«) fühlen sich 82 % der Mitarbeiter:innen motivierter, wenn sie für ihre Leistungen wertvolle und zeitnahe Anerkennung bekommen.[12]

Zwar liegen diese Erkenntnisse gut zehn Jahre zurück, aber an Aussagekraft haben sie nicht verloren. So schreibt das »Harvard Business Manager Magazine« in einem Artikel aus dem Jahr 2020, die Ergebnisse von verschiedenen Studien würden darauf hindeuten, dass der Zusammenhang zwischen Gehalt und Zufriedenheit sehr schwach sei. Die in der Studie festgestellte Korrelation deutet darauf hin, dass es nur eine Überschneidung von weniger als 2 % zwischen der Zufriedenheit mit der Arbeit und dem Gehalt gibt. Darüber hinaus war die Korrelation zwischen Gehalt und Gehaltszufriedenheit mit 4,8 % nur geringfügig höher, was wiederum darauf schließen lässt, dass die Zufriedenheit mit dem Gehalt fast völlig unabhängig von der tatsächlichen Höhe des Gehalts ist.

Auf der Suche nach neuen, engagierten Mitarbeiter:innen ist eine Erhöhung des Gehalts offensichtlich keine wirksame Lösung für Unternehmen. Denn eine höhere Bezahlung führt nicht zwangsläufig zu einer gesteigerten Zufriedenheit der Mitarbeiter:innen mit ihrem Gehalt. Kurzum: Engagement lässt sich nicht mit Geld kaufen. Die Frage, ob Geld auch demotivieren kann, ist damit aber noch nicht beantwortet. Einige Wissenschaftler:innen vertreten die Ansicht, dass zwischen intrinsischer und extrinsischer Motivation eine natürliche Spannung bestehe. Finanzielle Anreize könnten demnach intrinsische Motive wie Freude, Neugier, Lernbereitschaft oder persönliche Herausforderung schwächen oder gar verdrängen.

Es gibt also wenig Anzeichen dafür, dass Geld eine motivierende Wirkung auf Menschen hat. Im Gegenteil, es gibt sogar Hinweise darauf, dass Geld eher demotivierend wirkt, was wiederum die Idee unterstützt, dass hinter Prämien versteckte Kosten stehen könnten. Das heißt nicht, dass wir umsonst arbeiten sollten: Natürlich müssen wir alle unsere Rechnungen bezahlen und für unsere Familien sorgen.

Aber wenn diese grundlegenden Dinge einmal abgedeckt sind, sind die psychologischen Vorteile von Geld fragwürdig. In einer oft zitierten Studie argumentieren Daniel Kahnemann und Angus Deaton, dass das emotionale Wohlbefinden von US-Arbeitnehmern mit höheren Einkommensniveau entsprechend stieg, bis zu einem Niveau von 75.000 US-Dollar im Jahr.

Danach hatte ein höheres Einkommen keinen steigernden Effekt mehr auf das Wohlbefinden. Arnold Schwarzenegger sagte einmal: »Geld macht nicht glücklich. Ich besitze nun 50 Millionen Dollar, aber ich war genauso glücklich, als ich 48 Millionen hatte.«, so das US-Magazin.[13]

Entscheidend ist: Die Anerkennung von Mitarbeiter:innen ist ein sehr wichtiger Motivator für den Erfolg einer Organisation und für jede:n Mitarbeiter:in selbst. Auch wenn Arbeitgeber:innen oft immer noch davon ausgehen, dass monetäre Anerkennung das ist, was Mitarbeiter:innen sich wünschen, trifft das in den überwiegenden Fällen nicht zu. Mitarbeiter:innen auf der ganzen Welt werden stärker von der Möglichkeit motiviert, ihre Fähigkeiten und Talente zu entwickeln und anzuwenden. Anerkennung führt direkt zu einem Gefühl der Wertschätzung, der Zufriedenheit bei der Arbeit und dazu, ob die Mitarbeiter:innen ihre Jobs lieben oder nicht. Engagement zahlt sich im Endeffekt und auf längere Sicht also auch für die Unternehmen aus.

DER KLEINE FINGER

Gleiche Verantwortung, gute Leistung und doch keine Anerkennung

 Mit der Zeit wurde Kathrin bewusst, dass sie ihre Wertschätzung bisher nur über den Dienstwagen, das eigene Büro oder die Aufmerksamkeit durch Medienauftritte definiert hatte. Sie setzte Rewarding mit Recognition gleich. Eine fatale Annahme, die sich auf Dauer immer negativ auswirkt. Einen weiteren Denkanstoß in Bezug auf Wertschätzung und Anerkennung bekam Kathrin im Laufe der Zeit durch die Zusammenarbeit mit anderen Teams auf Abteilungsebene. Im Zuge der Übernahme blieb sie in der Einstufung als Senior Manager und wurde nicht zum Director befördert.

Genau das, dieses vermeintlich kleine, aber entscheidende »Detail«, bekam Kathrin bei jedem abteilungsübergreifenden Meeting durch zwei Kolleg:innen in gleicher Position, Peers, zu spüren. Diese beiden Abteilungsleiter:innen waren in der Einstufung »Director« und das gaben sie Kathrin auch subtil, aber kontinuierlich zu verstehen.

Es verging kein Meeting, in dem die beiden Kolleg:innen nicht alles, was Kathrin anbrachte, arrogant infrage stellten, obwohl sie in gleicher Verantwortung war und auf etliche Erfolge zurückblicken konnte. Ihr Können und ihre Leistungen hatte sie mehrfach unter Beweis gestellt. Kathrin versuchte dem durch noch härtere Arbeit und noch präzisere Vorbereitung entgegenzuwirken. Ohne Erfolg. Die »Schieflage« führte weiterhin zu Seitenhieben und Sticheleien. Die beiden Kolleg:innen machten deutlich: Du bist zwar auch Bereichsleiterin, aber wir sind Director und du nur Senior Manager.

DIE ENTLOHNUNG

Kathrin probierte über ihre Vorgesetzte eine Klarstellung ihrer Kompetenz zu erwirken, immerhin stand sie auf gleicher Gehalts- und Verantwortungsstufe wie ihre Kolleg:innen. Aber ihre Chefin unternahm nichts, und das fühlte sich für Kathrin wie ein Schlag ins Gesicht an. Das Verhältnis zu ihrer Vorgesetzten verschlechterte sich weiter. Kathrin wurde durch die niedrigere Einstufung vor Augen geführt, dass man ihre Fähigkeiten nicht zu würdigen wusste. Um diese Diskrepanz, und damit die Unzufriedenheit einer kompetenten Mitarbeiterin, zu vermeiden, hätte das Unternehmen Kathrin ebenfalls zum Director befördern müssen. So hätte sie auf Augenhöhe argumentieren können. Generell sind solche Situationen ein gefährliches Thema in Unternehmen, da sie zu Unzufriedenheit, Neid, Missstimmung und sinkender Leistungsbereitschaft führen können.

Übertragen auf Kathrins »Hand« ergibt sich also folgendes Bild: Das »äußerste Glied des kleinen Fingers« steht für Geld – Rewarding. Das passte bei ihr. Aber schon das »mittlere Glied«, das für Wertschätzung oder auch Hard Recognition seitens des Unternehmens steht, war »rot«. Hier fehlte es hauptsächlich an einer fairen Einstufung Kathrins im Vergleich zu ihren Peers. Ohne Frage stand zudem das unterste Glied, die Wertschätzung und Unterstützung durch ihre Vorgesetzte, ebenfalls auf »rot« – die Soft Recognition oder eben Lob und Anerkennung. In Summe macht alles zusammen einen komplett »roten kleinen Finger« aus. Kathrin traf das deshalb besonders hart, weil sie sich und ihre Arbeit über jegliche Form des Prestiges definierte.

DER KLEINE FINGER

WIE VIEL GELD BRAUCHT MAN WIRKLICH?

Wie verhält es sich nun bei Christian? Wie sah sein »kleiner Finger« aus?

CHRISTIAN Bevor Christian in den Maschinenbaukonzern wechselte, hatte er eine Anstellung in einem Unternehmen für Anlagenbau an seinem Wohnort, der in einer Metropolregion lag. Sein neuer Arbeitgeber hatte seinen Sitz in einem anderen Bundesland, in einer sehr ländlichen Region. Für die neue Herausforderung nahm Christian das wöchentliche Pendeln zwischen Wohnort und Arbeitsplatz in Kauf. Und nicht nur das: Die Gehälter, die in der Metropolregion gezahlt wurden, waren deutlich höher als die am ländlichen Standort seines neuen Arbeitgebers – ähnlich wie bei Lisa.

Vor seiner Zusage beim Maschinenbaukonzern setzte Christian sich hin und ging seine Buchhaltung mit der Frage im Hinterkopf durch: Wie viel Geld benötige ich wirklich? Komme ich mit dem niedrigeren Gehalt aus? Was benötige ich tatsächlich zum Leben, damit alle Kosten abgedeckt sind, und wie wirkt sich das wöchentliche Pendeln inklusive einer kleinen Wohnung am Arbeitsort aus?

Als zahlenorientierter Mensch ging Christian sachlich an diese finanzielle Reflexion heran. Zu seinem Erstaunen brauchte er tatsächlich zum reinen Leben, ohne Abstriche in seinem für sich definierten Standard zu machen, weniger Geld, als er gedacht hatte. Dabei lebte Christian nicht spartanisch. Er ging gern mit seiner Lebenspartnerin essen, machte Ausflüge und leistete sich Dinge, die ihm gefielen. Christians Rechnung ging deshalb auf, weil im ländlichen Raum die Lebenshaltungskosten erheblich niedriger waren als in der Stadt und er dadurch Geld »sparen« konnte. Außerdem waren die Sozialleistungen des Unternehmens ausgezeichnet, was sich ebenfalls positiv auf seine fixen Kosten auswirkte.

Bei seiner Auflistung stellte Christian außerdem fest, wie überlegt er ohnehin mit dem ihm zur Verfügung stehenden Geld umging. Dabei fiel ihm eine Begebenheit ein, die erst kürzlich zurücklag. Als technikaffiner Mensch interessierten ihn unter anderem die neuesten Entwicklungen bei Smartphones. Eine Marke brachte gerade ein neues Modell auf den Markt. Christian überlegte, sich ein solches zu leisten. Der Preis lag bei über 1.000 Euro. Er fragte sich, ob es diese Investition wert wäre, denn eigentlich bestand für ihn keine Notwendigkeit, ein neues Smartphone zu kaufen. Sein bisheriges funktionierte einwandfrei und bot ihm alles, was er brauchte. Er verzichtete letztlich auf das neue Handy. Durch die kurze Reflexion wurde ihm bewusst, wie zufrieden er mit seinem Auskommen und seinem Leben war.

Das führte ihn nach Abschluss seiner finanziellen Betrachtung schließlich zu der Entscheidung, die Stelle beim Maschinenbaukonzern anzunehmen, obwohl er bei geringerem Gehalt und höherer Mehrbelastungen unterm Strich weniger Geld zur Verfügung hatte. Er musste trotzdem auf nichts verzichten und bekam durch die neue Position eine Chance, sich beruflich weiterzuentwickeln. Für Christian passte es, so wie es war und kommen würde. Seine Erkenntnis war: Geld ist nicht alles. Manche Dinge lassen sich nicht mit Geld aufwiegen und stellen einen größeren Wert dar, zum Beispiel innere Zufriedenheit.

Der Zusammenhang zwischen Verzicht und Zufriedenheit ist ein wichtiger Aspekt der positiven Psychologie und wurde in verschiedenen wissenschaftlichen Studien untersucht. Einige Forschungen deuten darauf hin, dass ein bewusster Verzicht auf kurzfristige Belohnungen und die Fokussierung auf langfristige Ziele und Werte die Zufriedenheit steigern können, was möglicherweise auf die dadurch erreichte Stärkung der Selbstkontrolle und die Förderung einer nachhaltigeren Lebensweise zurückzuführen ist.

Ebenso zeigten Untersuchungen, dass Menschen, die sich auf das Wesentliche konzentrieren und ihren materiellen Konsum reduzieren, oft höhere Zufriedenheitswerte aufweisen. Der Zusammenhang zwischen Verzicht auf übermäßigen Konsum und Zufriedenheit ist teilweise darauf zurückzuführen, dass der Besitz von weniger materiellen Dingen die Fähigkeit zur Wertschätzung immaterieller Werte wie zwischenmenschliche Beziehungen und persönliche Erfüllung stärkt.

So untersuchte der US-amerikanische Psychologe Barry Schwartz, Ph.D., die Auswirkungen von Entscheidungsprozessen auf das menschliche Verhalten und das Wohlbefinden. In seinem Buch »The Paradox of Choice: Why More Is Less« schildert er die Ergebnisse seiner Forschungen, in denen er sich mit der Überforderung und Unzufriedenheit der Menschen aufgrund der wachsenden Anzahl von Wahlmöglichkeiten in der modernen Gesellschaft befasst.

Schwartz beleuchtet das Phänomen, wie die steigende Anzahl von Wahlmöglichkeiten und Konsumentscheidungen in unserer modernen Gesellschaft unsere Zufriedenheit und Lebensqualität beeinflusst.

Er argumentiert, dass die Vielzahl der verfügbaren Optionen oft zu Überforderung und Unzufriedenheit führe, da wir Schwierigkeiten hätten, uns für nur eine Möglichkeit zu entscheiden – und mit dieser Entscheidung dann auch zufrieden zu sein. Für Schwartz ist ein bewusster Verzicht auf einige Optionen und die Fähigkeit, Entscheidungen zu treffen, die zu unseren persönlichen Bedürfnissen passen, ein Weg zu einem höheren Maß an Glück und Lebenszufriedenheit. Dazu zeigt er in seinem Buch, wie wir durch die Reduzierung von Auswahlmöglichkeiten eine erfüllendere Lebensweise erreichen können.

DER »KLEINE FINGER« IST NICHT ZUR KOMPENSATION DA

Barbara haben wir als eine umsichtige Teamleaderin kennengelernt, der ihre Teamkolleg:innen wichtig sind. Daher ist es interessant zu erfahren, wie ihre Einstellung zu Rewarding und Recognition auch in Bezug auf sich selbst ist.

Trotz ihrer Bemühungen, fair gegenüber allen zu sein, wurde Barbara in den Mitarbeitergesprächen immer wieder mit der Forderung nach mehr Gehalt konfrontiert. Als Teamchefin, die diese Verantwortung gerade erst übernommen hatte, irritierte die Frage sie. Nach ihrem Verständnis und auch nach der Gehaltsstaffelung ihrer Firma war das Gehalt ihrer Mitarbeiter:innen ausgewogen und fair.

Für Barbara hatte das Gehalt zwei entscheidende Dimensionen. Die eine war der Ausgangspunkt: Die Entlohnung muss so hoch sein, dass ein Arbeitnehmer oder eine Arbeitnehmerin – egal welcher Position, Qualifikation oder Anzahl der Dienstjahre – seinen oder ihren Verpflichtungen nachkommen kann, ohne in finanzielle Engpässe zu geraten. Geschieht das trotzdem, stimmt etwas nicht – sei es, dass die betreffende Person einen ausschweifenden Lebensstil hat, durch falsches Haushalten oder durch einen schlecht verhandelten Gehaltseinstieg.

Letzteres war in der Regel kaum möglich, da die Gehaltsstrukturen in Barbaras Unternehmen transparent waren und sich nach festgelegten Tarifen richteten. Wenn das Gehalt, das er oder sie bekam, dem oder der Mitarbeitenden subjektiv gesehen zu niedrig war, dann blieb ihm oder ihr nur noch ein Jobwechsel zu einem Arbeitgeber oder einer Arbeitgeberin, der oder die mehr zu zahlen bereit war. Eine andere Möglichkeit wäre natürlich auch, dass diese:r Mitarbeitende etwas an seinem oder ihrem Lebensstil ändert.

Der zweite Aspekt betraf die Fairness. Grundsätzlich achtete das Unternehmen darauf, dass das Gehaltsgefüge in einem Team ausgewogen war. Dabei wurde die Qualifikation berücksichtigt und das Prinzip »Wer mehr leistet, sollte auch entsprechend entlohnt werden.« Eine Situation wie im Fall von Lisa ist unfair und nicht akzeptabel. Hier gäbe es allen Grund zu intervenieren. Stimmen Gehaltseinstufung und Fairness jedoch, muss man über andere Punkte wie Aufgabe oder Weiterbildung sprechen.

Ein offenes Gespräch verschafft Klarheit

Als Barbara schon mehr Erfahrung als Teamleiterin hatte, reagierte sie anders auf die Forderungen nach mehr Gehalt. Brachte ein Mitarbeiter oder eine Mitarbeiterin das Thema auf, stellte sie die Frage: »Warum denkst du, dass eine Gehaltserhöhung angebracht ist?«

Durch diese Frage wurde ihr Gegenüber zum Nachdenken angeregt. In dem Gespräch, das sich daraus entwickelte, eröffneten sich dann die eigentlichen Themenfelder, die die betreffende Person bewegten, und die in der Regel mit Geld nichts zu tun hatten, zum Beispiel im Hinblick auf die Aufgabe oder Weiterentwicklung. Barbara stellte im Laufe der Zeit fest,

DER KLEINE FINGER

dass hinter einer Forderung nach mehr Gehalt oft ein anderer Aspekt steckte, der im Zusammenhang mit einer bestimmten Unzufriedenheit stand. Das Gehalt wurde gewissermaßen als »Schmerzensgeld« aufgefasst, nach dem Motto: Ich bin an bestimmten Punkten mit meinem Job nicht zufrieden, also möchte ich mir diesen Frust zum Ausgleich bezahlen lassen. Jedoch ist das vonseiten der Mitarbeiter:innen eine irrige Annahme, da mehr Geld, wie oben ausgeführt, nicht zwingend zu mehr Zufriedenheit führt.

Wenn es sich in den Mitarbeitergesprächen also mal wieder um mehr Geld drehte, ging Barbara mit ihrem Teammitglied die Punkte Aufgabe, Team, Weiterentwicklung und Work-Life-Balance durch – die anderen »Finger der Hand«. Oft kamen dann Kleinigkeiten zum Vorschein, die der eigentliche Grund für die Frage nach mehr Gehalt waren. Mal war es die Unzufriedenheit mit der Aufgabe, ein anderes Mal ging es um den Wunsch nach Aufstiegsmöglichkeiten, also um Weiterbildung. In jedem Fall gelang es Barbara, einen für beide Seiten akzeptablen Weg zu finden. Für sie waren diese Gespräche und auch das Finden einer individuellen Lösung ebenfalls eine Form der Anerkennung bzw. Recognition. Sie war sich dessen bewusst, dass allein das Zuhören und die damit verbundene Auseinandersetzung mit dem jeweiligen Teammitglied als wertschätzend aufgefasst wurde.

So wie sie ihre Teamkolleg:innen durch die Gespräche zum Reflektieren ihres eigenen Standpunkts brachte, so nahm sich Barbara auch ab und an die Zeit, die Situation nicht nur ihres »kleinen Fingers«, sondern auch der restlichen »Hand« für sich zu überdenken. In Bezug auf Rewarding und Recognition war Barbara zufrieden. Ihr Gehalt passte für sie und sie erfuhr auf vielfältige Weise Wertschätzung und Anerkennung durch ihre Kolleg:innen, ihre Vorgesetzte und das Unternehmen. Ihr »kleiner Finger« war »grün«.

Fassen wir noch einmal zusammen, warum der »kleine Finger« hier immer so betont und warum so viel Wert auf ihn gelegt wird. Immerhin ist er doch der kleinste und letzte »Finger der Hand« und auch die anderen »Finger« spielen eine wesentliche Rolle für die Bewertung des Jobs. Man kann sogar sagen, dass ihr Einfluss auf die Gewichtung der Arbeit insgesamt größer ist als die des »kleinen Fingers«.

Um diesen Widerspruch zu lösen, sollte man beim Betrachten des »kleinen Fingers« zwei Dimensionen genauer berücksichtigen:

Erstens sollte man generell immer genug verdienen, um keine schlaflosen Nächte durchzumachen. Das Gehalt muss reichen, damit man gewissen Verpflichtungen nachkommen kann, wie dem Kauf einer Waschmaschine oder die anstehende Reparatur des Autos. Reicht das Gehalt nicht, sollte man überprüfen, warum das so ist und was man zur Verbesserung unternehmen könnte.

Zweitens gibt es den Aspekt der Fairness: In einem Team sollte immer ein ausgewogenes Verhältnis zwischen den Gehältern bestehen. Mitarbeiter:innen, die mehr leisten, sollten auch mehr Geld bekommen. Gibt es keine Diskrepanz beim Gehalt, sind unbedingt die anderen »Finger« der »Hand« zu analysieren. Denn: Auch wenn er »grün« sein sollte, kann der »kleine Finger« Fehler oder Verletzungen der anderen Glieder nicht kompensieren! Das darf bei der Diskussion um mehr Gehalt oder Geld generell nicht vergessen werden.

> **TIPPS FÜR ARBEITNEHMER:INNEN UND FÜHRUNGSKRÄFTE**
>
> Der kleine Finger mag zwar unscheinbar wirken, aber vor allem, wenn die anderen Finger ausfallen, gewinnt er an Bedeutung. Andererseits bemerken wir den kleinen Finger sehr wohl, wenn er verletzungsbedingt ausfällt.
> Anders gesagt: Rewarding und Recognition müssen stimmig sein. Gibt es störende oder behindernde Faktoren in den Bereichen Aufgabe, Team, Weiterentwicklung und Work-Life-Balance, wird sich das früher oder später auf die Entlohnung und Anerkennung übertragen. Rewarding und Recognition können sich ebenfalls negativ auf die anderen Bereiche auswirken, nämlich dann, wenn das Gehalt zum Leben nicht reicht. In dem Fall strahlen Schmerzen im »äußeren Fingerglied« in den gesamten »Finger« aus – und dann wird auch eine ehrliche Recognition sowohl vom mittleren als auch vom untersten Glied das nicht abfedern. Der Mensch braucht nun mal eine gewisse Sicherheit, um leben zu können.

ARBEITNEHMENDE

DIE ENTLOHNUNG

TIPPS FÜR ARBEITNEHMER:INNEN

Bevor du eine Gehaltsforderung stellst, überprüfe, ob sie vordergründig ist. Reflektiere deine »Hand«. Gibt es noch andere Punkte, die dich unzufrieden stimmen? Wenn diese Aspekte behoben werden könnten, wäre das Gehalt dann noch immer ein Thema für dich?

> Wenn das Gehalt tatsächlich ein Thema ist, vergleiche deine Einstufung mit der Gehaltsstruktur in deinem Betrieb oder mit dem allgemeinen Tarif gemäß Ausbildung, Qualifikation und Dienstjahren. Wichtig ist dabei die Frage, ob dein Gehalt »fair« im Vergleich dazu ist, was andere in äquivalenten Positionen bekommen.

> Finde heraus, wie viel Geld du tatsächlich brauchst, um zufrieden zu sein. Erstelle deinen eigenen Haushaltsplan. So ermittelst du, was du für dein Leben benötigst, wie hoch deine Reserven für Eventualitäten, zum Beispiel Reparaturen, sind und wie hoch dein Budget ist, das du zur »freien Verfügung« hast. Kannst du auf etwas verzichten und bist dennoch zufrieden?

> Stellst du fest, dass das Gehalt passt, es dir aber an Wertschätzung mangelt, dann schreib auf, was dir wichtig ist. Sprich diese Themen beim nächsten Mitarbeitergespräch an. Manchmal liegt es tatsächlich an der Hektik des Alltags, dass die eigentlich angebrachte Anerkennung zu kurz kommt.

ARBEITNEHMENDE

DER KLEINE FINGER

ARBEITNEHMENDE

› »Change starts in the team«: Wie ist es mit dir? Wirst du gerne gewertschätzt? Wer mag das nicht! Überlege, wann du das letzte Mal die Leistung deiner Kolleg:innen lobend hervorgehoben hast. Du hast den Wandel selbst in der Hand. Sobald du die Kultur lebst, die du selbst dir wünschst, wird sie auch Realität. Meine Empfehlung dazu: Das Buch »Leadership and Self-Deception«.

ARBEITGEBENDE

TIPPS FÜR FÜHRUNGSKRÄFTE UND VORGESETZTE

› Erstelle eine Übersicht (Stichwort »Kompetenzmatrix«) der Gehälter in Verbindung mit Ausbildung, Qualifikation und Dienstjahren, auch im Vergleich zu anderen Teams. Denke dabei auch an Lisas Situation. Stehen die Gehälter in einem gerechten Verhältnis zueinander, sprich: Sind sie fair?

› Frag dich in dem Zusammenhang auch, ob die Hard Recognition wie Dienstwagen, Büro oder Boni, im Vergleich zu Peergroups angemessen ist.

› Wie sieht es mit der Soft Recognition aus? Bekommt dein Team ehrliches Feedback in Form von Lob oder betreibst du damit Fishing for compliments? Sind die Mitarbeitergespräche auf Augenhöhe und wertschätzend?

DIE ENTLOHNUNG

Zeigst du auch außerhalb der turnusgemäßen Mitarbeitergespräche Anerkennung? Denk daran: »Change starts in the team.«

> Vergiss bitte nicht: Recognition zeigt sich nicht nur über materielle Anerkennung wie ein Dienstauto, eine Uhr zum Jubiläum oder derartige Dinge. Entwicklungsmöglichkeiten wie neue Aufgaben oder Fortbildungen gehören genauso dazu. Das sollte man im Hinterkopf behalten, wenn es in einem Mitarbeitergespräch mal wieder um ein höheres Gehalt geht.

> Es darf auch gefeiert werden! Im Englischen gibt es den Ausdruck »Work hard. Party hard!«, was nichts anderes heißt als: »Wer hart arbeitet, der darf auch den Erfolg feiern!« Nichts ist für Teams frustrierender, als wenn nach wochenlanger Arbeit ein Projekt erfolgreich abgeschlossen, ein entscheidender Kunde oder eine entscheidende Kundin gewonnen oder ein Objekt oder Werk übergeben wird und dies dann nicht gebührend gefeiert wird und sogar anerkennende Worte vergessen werden. Erfolg ist Teamwork und so wie die Arbeit im Team verbindet, verbinden auch Partys – eine besondere Form der Recognition.

ARBEITGEBENDE

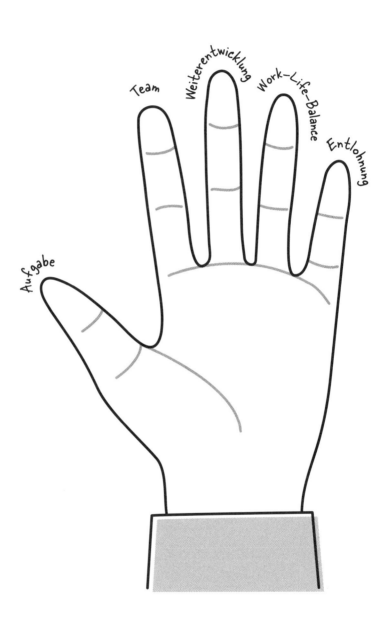

DIE GANZE HAND
Zusammenfassung

Die menschliche Hand ist das Ergebnis von Jahrmillionen der Evolution, ein faszinierendes Werkzeug, das es uns ermöglicht, Dinge zu erschaffen und mit unserer Umgebung zu interagieren. Sie besteht aus insgesamt 27 Knochen, die in drei Hauptbereiche unterteilt sind: Handwurzelknochen, Mittelhandknochen und Fingerknochen. Hinzu kommt das Zusammenspiel von Muskeln, Sehnen und Gelenken. Erst durch all diese Faktoren sind wir in der Lage, mit unserer Hand eine Vielzahl von Aufgaben auszuführen – angefangen von einfachen Greifbewegungen bis hin zu komplexen Handlungen wie dem Schreiben, dem Spielen eines Instruments oder der Durchführung von feinen chirurgischen Eingriffen. Die hochkomplexe Anatomie der Hand und ihre funktionelle Vielfalt machen sie zu einem einzigartigen und unverzichtbaren Teil des menschlichen Körpers.

Sind einzelne Gliedmaßen der Hand geschädigt oder fehlen sie ganz, kann das erhebliche Auswirkungen auf die Funktionali-

DIE GANZE HAND

tät und die Fähigkeit haben, unsere alltäglichen Aufgaben durchzuführen. Je nach Schädigung können das Greifen und die Feinmotorik beeinträchtigt sein. Zwar können diese Einschränkungen oft in irgendeiner Form ausgeglichen werden, zum Beispiel durch das Erlernen neuer Greiftechniken oder Prothesen, aber das Zusammenspiel von Muskeln, Sehnen und Fingern ist in solchen Fällen dann nicht mehr dasselbe.

Aufgrund ihrer Einzigartigkeit als Ganzes und in der Koordination der einzelnen Akteur:innen – der Koordination der Finger und des Daumens – ist die Hand das ideale Sinnbild für die Themen dieses Buchs. Sind alle Bereiche des beruflichen Lebens stimmig und hat man seinen Traumjob gefunden, dann ist die »Hand« funktionstüchtig. Gibt es jedoch im Berufsleben Einschränkungen, Störungen oder gar erhebliche Behinderungen, ist es ratsam, die Tätigkeit, die man ausübt, kritisch zu überdenken.

Durch eine einfache Überprüfung anhand der hier vorgestellten Methode lassen sich Probleme im Job klarer erkennen, das heißt auch, dass sich leichter Lösungen finden und gegebenenfalls entsprechende Konsequenzen ziehen lassen. Es verhält sich wie bei der realen Hand: Wenn einzelne Gliedmaßen eines Fingers schmerzen oder nicht funktionieren, ist der Aktionsspielraum der ganzen Hand beeinträchtigt. Fallen ein oder mehrere Finger ganz aus, ist die Hand kaum noch in der Lage, ihre Aufgabe voll zu erfüllen. Daher steht die ganze Hand auch symbolhaft für dieses zusammenfassende Kapitel – so wie die vorigen für den jeweiligen Finger und die einzelnen Aspekte, für die die einzelnen Glieder stehen. Wie die verschiedenen Fingerglieder

ZUSAMMENFASSUNG

genau zusammenspielen, verdeutlichten die Geschichten der fiktiven, bewusst stereotypischen Beispielpersonen in den einzelnen Kapiteln. Sehen wir uns noch einmal im Überblick an, wie die einzelnen Teile der jeweiligen Berufsbilder und Karrieren zusammengehören.

BEISPIEL LISA

Wenn wir uns an das Kapitel »Daumen« erinnern, schien bei Lisa vom Studium an über die Promotion bis zum perfekten Job alles glatt zu laufen. Alles war aus einem Guss, ihre berufliche Karriere folgte einem roten Faden. Der »Daumen« ist daher eindeutig als »grün« zu bewerten. Auch der »Zeigefinger«, der für das Team und den Vorgesetzten steht, ist positiv. Das fing bereits bei Lisas Bewerbungsgespräch an. Das Unternehmen hatte schon vor Lisas Studienabschluss Interesse an ihr bekundet, die Chemie zwischen Arbeitgeber:innen und Bewerberin schien schon bei den ersten Gesprächen zu stimmen. Das bestätigte sich in der anfänglichen Zusammenarbeit. Für Lisa waren diese Voraussetzungen sehr motivierend.

Allerdings trübte sich ihre Einstellung zum Unternehmen ein, als die in Aussicht gestellte Leitung einer Filiale doch nicht realisiert wurde. Die Geschäftsleitung hielt nicht das, was sie versprach. Das ist ein klassischer Fall von nicht gelebtem Walk the Talk, also dem Nicht-Einhalten von Versprechen oder zugesagtem Handeln. Der untere Bereich des »Mittelfingers«, der für die Weiterentwicklung steht, färbte sich bei Lisa von »grün« auf »rot«. Lediglich die Motivation durch die interessante Aufgabe verhinderte eine komplette Färbung ins »Rote«. Aber auch die Work-Life-Balance war dadurch nicht mehr ausgeglichen und wurde instabil. Denn setzt man viel Energie für den Job ein und nimmt Einschränkungen im Privatleben in Kauf, möchte man wissen, wofür man das tut. Daher war Lisas »Ringfinger« zuletzt als »rot« einzustufen.

So etwas ist im Berufsleben eine gefährliche Konstellation. Denn wenn man sich vorrangig nur noch über die Aufgabe mit dem Job identifiziert, macht man sich stark von der Arbeit und dem Unternehmen abhängig. Entspräche zudem die Aufgabe nicht mehr den eigenen Vorstellungen, hätte das direkte Auswirkungen auf die Motivation. Und das wäre fatal!

Walk the Talk sollte gelebt werden und keine Floskel sein

Nun fehlt noch die Betrachtung des Aspekts der Entlohnung: der »kleine Finger«. Auch hier standen die Zeichen bei Lisa irgendwann auf »rot«. Zunächst war sie mit ihrem Gehalt zufrieden. Doch als sie quasi nebenbei in einem Gespräch mit einer Kollegin erfuhr, dass diese bei weniger Verantwortung auf gleicher Gehaltsstufe stand, verärgerte und enttäuschte Lisa das. Die Tatsache, nicht gemäß ihrer Leistungen, ihrer Qualifikation und ihres Engagements honoriert zu werden, empfand Lisa als unfair und ließ auch den »kleinen Finger« zuletzt komplett »rot« werden.

Lisa war sich ihrer in Schieflage befindlichen Work-Life-Balance und des geringeren Gehalts durchaus bewusst. Doch immer-

ZUSAMMENFASSUNG

hin hatte sie sich trotz dieser Einschränkungen in Bezug auf ihren Traumjob für die Anstellung entschieden und für keine andere. Selbst als sie erkennen musste, dass das Unternehmen seine Versprechungen bezüglich der in Aussicht gestellten Beförderung nicht umsetzen würde, war das für sie kein Grund, Konsequenzen zu ziehen oder aktiv zu werden. Sie entschied sich, die Situation zu akzeptieren und sich zu arrangieren.

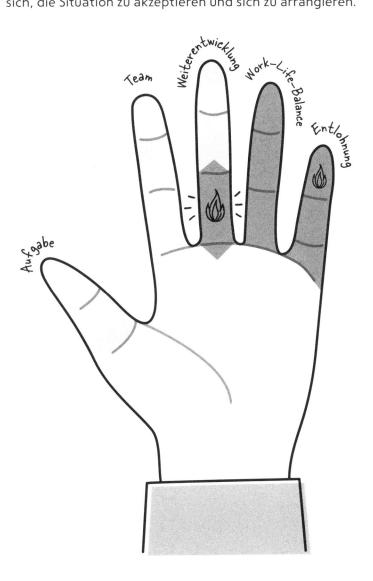

DIE GANZE HAND

Aber: Lisas »Hand« hätte wesentlich »grüner« aussehen können, wenn für die störenden Faktoren eine Lösung gefunden worden wäre. Stattdessen standen zweieinhalb »Finger« von fünf auf »grün« – und die gleiche Anzahl auf »rot«. Für Lisa bedeutete das zunächst einmal ein Patt. Sie musste nicht zwingend Konsequenzen ziehen.

Aber was bedeutet eine solche Situation der Mitarbeiterin für das Unternehmen? Aufgrund einer bewussten (von Seiten des Unternehmens) und ungewollten (von ihrer Seite) schlechten Kommunikation wurden in Lisa falsche Erwartungen geweckt. Die Konsequenz daraus: Kaum hatte Lisa erfahren, dass ihr Arbeitgeber in dieser Hinsicht nicht besser war als viele andere Unternehmen, erlosch ihr Enthusiasmus. Damit hatte ihr Arbeitgeber eine High-Potential-Mitarbeiterin verloren. Vielleicht hätte Lisa noch etwas bewirken können, als ihr bewusst wurde, wie leer die Versprechen der Geschäftsleitung waren. Doch sie beließ es dabei, arrangierte sich und suchte nicht nach einer Lösung, wie Joe es tat.

ZUSAMMENFASSUNG

BEISPIEL CHRISTIAN

Auch bei Christian, dem Ingenieur in der Geräte- und Anlagenindustrie, standen anfangs alle Zeichen auf »grün«. Er hatte eine Aufgabe, die ihn ausfüllte, interessierte und motivierte. Außerdem arbeitete Christian in einem Team, das menschlich und fachlich auf gleicher Ebene agierte. Auch das Verhältnis zum Vorgesetzten war kollegial. Man schätzte und ergänzte sich.

Vom »Daumen« bis zum »Mittelfinger« passte für Christian alles. Selbst der Umstand, dass er aufgrund des Jobs eine Wochenendbeziehung führen musste, war für Christian in Ordnung. Es beeinträchtigte seine Work-Life-Balance, seinen »Ringfinger«, nicht: Es war eben eine typische Consulter-Konstellation. Lediglich der »kleine Finger«, die Gehaltsfrage, war von Anfang an nicht optimal. Christian verdiente weniger als in anderen vergleichbaren Positionen. Hinzu kamen noch die Reisekosten, die durch die Wochenendbeziehung entstanden. Aber durch die Aufgabe und die Zusammenarbeit mit dem Team hatte die »Hand« von Christian anfangs mehr »grüne Fingerglieder« als »rote«.

Das änderte sich in dem Moment, als Christians Chef versetzt und durch einen neuen Vorgesetzten ersetzt wurde. Zwar kannte Christian den »Neuen«, aber deshalb wusste er auch um dessen charakterliche Schwächen. Sein neuer Chef hatte die Aufgabe, den Bereich umzustrukturieren, zu dem auch Christian gehörte. Zunächst freute Christian sich auf die Veränderungen. Für ihn waren sie nicht nur Veränderungen, wie jeder Job sie nun einmal mit sich bringt, sondern er verstand sie auch so, dass er sich durch sie persönlich und beruflich weiterentwickeln konnte (»Mittelfinger«). Doch in Folge entstanden Spannungen und Differenzen zwischen ihm und dem neuen Vorgesetzten.

Das hatte erhebliche Auswirkungen auf Christians Einstellung zu seinem Job. Sinnbildlich gesprochen wurde der untere Teil des »Zeigfingers«, die »Fingerwurzel«, zunehmend »rot«. Das zog eine Wechselwirkung nach sich. Es verhielt sich in seinem Fall wie bei einer Infektion der menschlichen Hand: Erst findet sich der Entzündungsherd nur an einem Glied eines Fingers. Wenn die Infektion aber nicht beseitigt wird, breitet sie sich auf die umliegenden, miteinander verbundenen Glieder aus und schädigt schließlich alle.

Ist die Wurzel erkrankt, greift die Infektion rasch um sich

Der neue Chef kommunizierte schlecht, blockte Ideen und installierte ein Team, das schlecht zusammenarbeitete. So entstand eine ungute Stimmung. Der einst »grüne Zeigefinger« (Team) wurde von der Wurzel heraus »rot«. Das wiederum sprang auf den »Mittelfinger« über – die Möglichkeit zur persönlichen Weiterentwicklung durch das Mitwirken am Aufbau einer neuen Abteilung. Christian verlor die Lust an seinem Job und das betraf letztlich das Fundament seiner Arbeit, die Aufgabe.

Christians Beispiel zeigt, welche Auswirkungen es haben kann, wenn eine Führungskraft nicht die Qualitäten mitbringt, die

ZUSAMMENFASSUNG

sie eigentlich in dieser Position haben müsste. Wie bei der menschlichen Hand reicht es aus, wenn nur ein »Glied« erkrankt, um die gesamte »Hand« zu infizieren. Wenn man das erkennt, heißt es handeln.

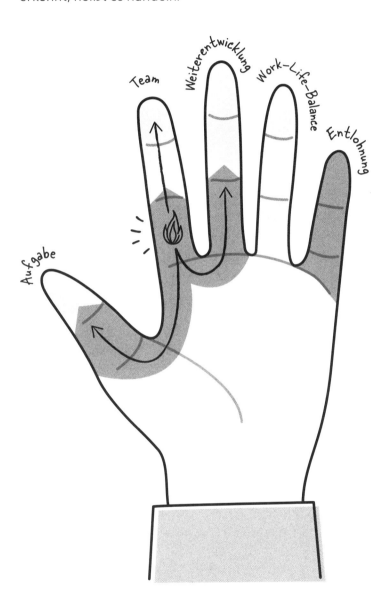

DIE GANZE HAND

Sicher, Christian hatte von Anfang an keine komplett »grüne Hand«. Die Entlohnung hätte besser sein können. Aber Chef, Team, Weiterentwicklungsmöglichkeiten und die Aufgabe glichen das zu Beginn aus. Durch den neuen Vorgesetzten änderte sich dieses Gefüge. In der Reflexion stellte Christian fest, dass er die entstandene Situation nicht beeinflussen konnte. Obwohl er nach Lösungen suchte, nahmen die Dinge ihren Lauf – von »love it« wechselte er zu »change it« und endete mit der Einsicht: »leave it«. Christian handelte entsprechend und verließ schließlich das Unternehmen. Es war für ihn eine Notbremse, die einzige Option, die an dieser Stelle noch möglich war.

ZUSAMMENFASSUNG

BEISPIEL JOE

Wie bei Christian und Lisa passte zunächst auch bei Joe, dem jungen Entwickler in der Automobilbranche, das Fundament: die Aufgabe. Sie war vom Fachlichen und von ihrer Bedeutung her genau das, was Joe machen wollte. Auch seine Work-Life-Balance war ihm von Anfang an wichtig. Ihm war bewusst: Wenn diese Balance nicht stimmt, hat das irgendwann negative Auswirkungen auf die Arbeit. Neben der Zeit für sich war auch ein persönliches Umfeld von Bedeutung für ihn, privat wie beruflich. Zu seinem Ausgleich gehörte Sport, den er zudem mit seinem Arbeitsweg verbinden konnte: Er fuhr mit dem Rad zur Arbeit und nach Hause. Das hielt ihn nicht nur körperlich fit, er konnte dabei auch wunderbar abschalten und Abstand zum Job gewinnen. Der finanzielle Aspekt war für Joe ebenfalls stimmig. Sein Gehalt empfand er als fair für das, was er leistete. Eigentlich war in Summe alles eine runde Sache. Seine »Hand« hätte »grün« sein sollen. Aber …!

Es tauchten Probleme im »Zeigefinger« auf, dem Team. Anders als bei Christian gingen die Probleme nicht von der »Fingerwurzel«, dem Chef, aus, sondern von dem »mittleren Teil des Fingers«, den anderen Abteilungen. Das Zusammenspiel mit seinen Teamleiterkolleg:innen, den Peers, in den anderen Abteilungen war massiv gestört. Zum Glück funktionierte die Zusammenarbeit mit dem eigenen Team aber hervorragend. Die Probleme mit Joes Peers waren nicht fachlicher Natur, sondern rein politisch motiviert. Das ist immer ungut, weil sich solche Abläufe nicht auf der Sachebene abspielen, sondern auf der menschlichen, der emotionalen Ebene. Diese Situationen können sehr gefährlich sein. Zum einen können Störungen der Art irgendwann in die Abteilung hineinsickern und anfangen, den bis dato guten Teamgeist zu zersetzen. Zum anderen ist es nur eine Frage der Zeit, wann solche Reibereien auch in die Führungsebene übergreifen. Joes Situation glich an dieser Stelle der von Christian. Nur ging in Joes Fall die Infektion nicht vom Chef, also von der »Fingerwurzel«, aus. Der Infektionsherd saß diesmal genau zwischen der »Fingerwurzel« (dem Chef) und dem »äußeren Glied« (der eigenen Abteilung) und strahlte in beide Richtungen.

Ein offenes, lösungsorientiertes Gespräch macht Wege frei

Die Spannungen setzten Joe zu. Selbst der Sport, den er täglich trieb, konnte nicht mehr für Ausgleich sorgen. Die Situation verfolgte ihn bis in den Schlaf hinein und führte schließlich dazu, dass er erkrankte. Glücklicherweise erkannte er die Warnsignale. Ihm war klar, er musste etwas ändern.

Einfach zu kündigen, war für ihn allerdings keine Option. Joe war ein Macher. Lösungen waren gefragt und ein Schlüssel dazu war der Chef aller Abteilungen, die an dieser Gemengelage beteiligt waren. Joe wusste, der Chef war offen für Anregungen, sie mussten nur sauber und fundiert vorgetragen werden. Entsprechend bereitete er sich vor, um die vorherrschenden Umstände sachlich zu schildern und Lösungsansätze aufzuzeigen. Joes Gedanken fanden dank seiner gründlichen Vorbereitung Gehör. Sein Vorgesetzter ergriff Maßnahmen zur Eliminierung der Störungen, damit die Teams wieder harmonisch zu-

ZUSAMMENFASSUNG

sammenarbeiten konnten. Außerdem sorgte der Chef mit seinem Durchgreifen für Joes Verbleib im Unternehmen, denn er schätzte Joes Arbeit und seine sozialen Kompetenzen.

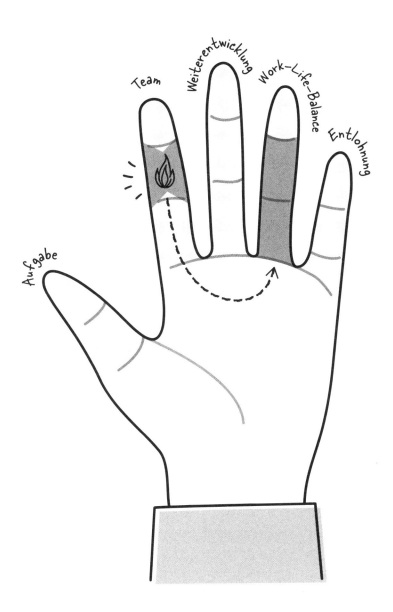

DIE GANZE HAND

Anders als bei Christians Beispiel hatte Joe einen Vorgesetzten, der offen für Anregungen war und das schlechte Betriebsklima unter den Abteilungen richtig einzuschätzen wusste. Christian hingegen hatte das Problem, dass an entscheidender, einflussnehmender Stelle jemand saß, der der Führungsaufgabe nicht gewachsen war. Seine Situation war ausweglos. Hätte Joe ebenfalls einen Vorgesetzten wie Christian gehabt, wäre auch Joe nicht in der Lage gewesen, etwas zu verändern. Die Infektion hätte sich von außen über den »Finger« in die restliche »Hand« ausgebreitet. Durch das Handeln von Joes Chef wurde seine »Hand« wieder »grün«. Der Job und alle weiteren Umstände waren für Joe wieder akzeptabel.

BEISPIEL KATHRIN

Erinnern wir uns an Kathrin, die Marketingfachfrau mit der Vorgesetzten, die am Ende ein falsches Spiel spielte. Auch sie hat uns konstant durch die Kapitel begleitet und ist im Vergleich zu allen anderen die tragische Figur des Buches. Bei ihr lief alles schief, was schieflaufen konnte. Dabei standen ihre Aussichten zu Beginn ihrer Karriere unter einem guten Stern. Nach dem Studium kam sie in ein Unternehmen, in dem sie durch ihre Aufgabe die Möglichkeit hatte, sich frei zu entfalten. Als Bereichsleiterin konnte Kathrin ihre Ideen uneingeschränkt entwickeln und umsetzen. Ihre Arbeit brachte ihr nicht nur im Unternehmen selbst, sondern in der gesamten Branche Anerkennung ein. Ihre »Hand« war »grün«.

Das änderte sich in dem Moment, als Kathrins Unternehmen durch die komplette Eingliederung in einen größeren Konzern seine Eigenständigkeit verlor. Zunächst war Kathrin noch voll motiviert, sah sie doch in dieser Veränderung eine neue Chance für ihren beruflichen Werdegang. Erst allmählich merkte Kathrin, dass ihr Umfeld nicht mehr das alte war, ihr das eigenständige Handeln genommen wurde, ihre Vorgesetzte sie einschränkte und sie ihr Potenzial nicht mehr ausschöpfen konnte. Da half es auch nicht, dass sie sich noch mehr engagierte.

Kathrin bemerkte nach und nach, wie ihre Motivation schwand, sie den Sinn ihrer Aufgabe infrage stellte und dass ihre Work-Life-Balance erheblich ins Wanken geriet. Ihr »Daumen«, »Zeigefinger«, »Mittelfinger« und »Ringfinger« begannen sich von »grün« auf »rot« zu verfärben. Ein Gespräch mit ihrer

Vorgesetzten hätte eventuell etwas bewirken können. Nur war Kathrin zu dem Zeitpunkt noch nicht klar, in welcher Situation sie selbst und in welcher tatsächlichen Konstellation sich Vorgesetzte, Team und Unternehmen befanden. Eine nüchterne Reflexion zu diesem Zeitpunkt wäre hilfreich gewesen. Doch Kathrin verpasste den richtigen Zeitpunkt.

Ausweglose Situation durch falsch verstandene Loyalität und Motivation

Wie fatal ihre Lage tatsächlich war und wie negativ sich der verpasste Zeitpunkt zum Überdenken der eigenen Position auswirken würde, trat erst dann offen zutage, als mit dem erneuten Verkauf des Unternehmens an einen weiteren Mitbewerber bekannt wurde, dass Kathrins Vorgesetzte von diesem zweiten Verkauf gewusst hatte. Das stellte nicht nur das Team auf den Kopf, sondern für Kathrin zerbrach auch eine Welt. Auf einen Schlag war sie nun gezwungen, ihre Aufgabe, das Team, die Vorgesetzte, ja sich selbst und ihr bisheriges Leben zu hinterfragen.

Kathrins »Hand« infizierte sich an so gut wie allen »Fingergliedern« und die Infektion erfasste schließlich ihre ganze »Hand«. Lediglich der »kleine Finger« blieb noch »grün«. Aber das konnte die Situation nicht mehr retten, denn kein Geld der Welt und kein jobbezogenes Prestige sind einen krankheitsbedingten Berufsausfall wert. Eben das erkannte Kathrin nicht. Zu sehr ließ sie sich von Geld, ihrer Position und den damit verbundenen Vorzügen – ein großes Büro oder ein noch größeres Dienstauto – blenden. Alles andere wie die Demütigungen

ZUSAMMENFASSUNG

durch ihre Chefin (Auswirkung auf das »innerste Glied des kleinen Fingers«), das Mobbing durch ihre Peers oder den schwindenden Respekt ihrer Kolleg:innen (Auswirkungen auf das »mittlere Glied des kleinen Fingers«) übersah sie. Nicht nur Kathrins »Hand« war durch ihren falschen Ehrgeiz und durch ihre Verblendung zum Schluss »rot«. Auch den neuen Konzern traf es. Er verlor nicht zuletzt auch wegen seiner mangelnden Kommunikation eine qualifizierte Mitarbeiterin – schlimmer noch: Sie war buchstäblich ausgebrannt.

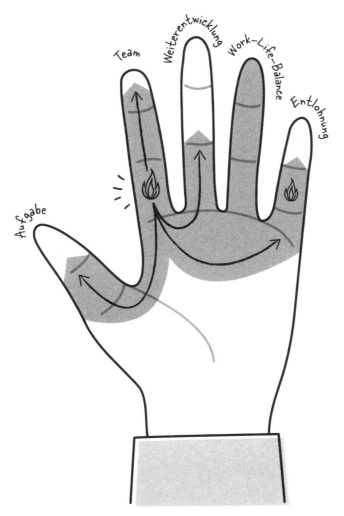

DIE GANZE HAND

BEISPIEL BARBARA

Wenn man so will, ist die Fachfrau im Tourismus, Barbara, der positive Gegenentwurf zu Kathrin. Betrachtet man ihre »Hand«, ist sie komplett »grün«. Es gibt keinen Bereich, der als »rot« oder kritisch angesehen werden muss. Das fängt bei der Aufgabe an. Barbara bekam die Chance, eine eigene Abteilung zu gründen. Sie ging in dieser Aufgabe auf und – das ist entscheidend – sie hatte dabei die Rückendeckung durch ihr Team und ihre Vorgesetzten. Das sind ausschlaggebende Voraussetzungen dafür, dass die Bereiche persönliche Weiterentwicklung und Work-Life-Balance auf einem guten Fundament stehen, was für Barbara in Form einer Teilzeitführungsposition gegeben war. So können sich die einzelnen Aspekte des gesamten Berufsumfelds – die »Finger« – durch die Wechselwirkung positiv ergänzen und stärken. In Barbaras Fall wurde das Ganze zusätzlich noch durch Anerkennung und gute Entlohnung, Recognition und Rewarding, abgerundet. Diese positiven Voraussetzungen und Erfahrungen übertrug Barbara auch auf ihr Team. Sie förderte die Motivation, die Weiterentwicklung der Teamkolleg:innen und suchte gemeinsam mit jedem Mitglied nach Lösungen, wenn Fragen aufkamen. In Summe: Besser konnte es für Barbara nicht laufen. Sie hat ein 100-prozentig passendes Match – einen Traumjob.

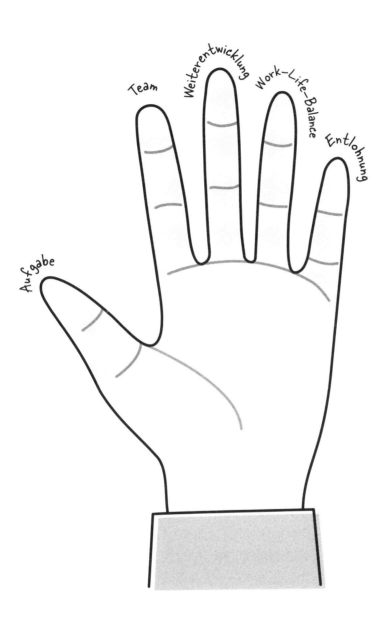

DIE GANZE HAND

Fünf unterschiedliche Berufserfahrungen durch eine Hand analysiert

Wir haben in diesem Buch einen Blick auf fünf unterschiedliche Biographien geworfen und gesehen, wie manche der fiktiven Personen die Zeichen rechtzeitig erkannt und auf sie reagierend gehandelt haben. Wir haben gleichzeitig genauso erfahren, dass manche Situationen aussichtslos sind oder zumindest so aussehen. Es lohnt sich immer, genauer hinzusehen und nach Alternativen und Lösungen zu suchen. Selbst wenn sich letztlich nichts dabei ergibt, wenn alles bleibt, wie es ist und die letzte Option dann doch die Kündigung ist, ist das auf jeden Fall besser als ein krankheitsbedingtes Ausscheiden. Dieser Preis ist einfach zu hoch.

Ich habe die Reflexionsmethode mittels der Hand, mit der man seine individuelle Situation am Arbeitsplatz einfach evaluieren kann, über Jahre der Beobachtung, der eigenen Erfahrungen sowie durch zahlreiche Gespräche entwickelt und laufend überprüft. Egal, welche Situation oder welches Unternehmen – ob kleine Firma, internationaler Konzern mit diversen Abteilungen oder welche Form der Beschäftigung: Mit dieser simplen Technik kannst du deinen Job jederzeit effektiv reflektieren. Wenn du feststellst, dass ein Bereich deiner »Hand« nicht mehr »grün« ist und sich »rot« einfärbt, ist es Zeit zu handeln. Überprüfe auf jeden Fall, ob eventuell schon andere Bereiche deiner »Hand« betroffen sind – auch wenn diese sich noch nicht schmerzhaft bemerkbar machen.

Denke an das Beispiel von **Kathrin**. Durch ihre Liebe zum Job – zur Aufgabe – hat sie viele warnende Hinweise übersehen, ja ignoriert. **Christian** und **Joe** hingegen haben die unguten Entwicklung am Arbeitsplatz rechtzeitig erkannt, nach dem Reflektieren ihrer Lage entsprechende Schlüsse gezogen und gehandelt. Christian musste einsehen, dass er seine Situation, die durch den neuen Vorgesetzten entstanden war, nicht mehr ändern konnte. Sein Resümee: die Kündigung. Joe konnte mit seinem Vorgesetzten reden, bereitete sich auf das Gespräch vor und fand gemeinsam mit ihm eine Lösung.

Wie diese Beispiele zeigen, lässt sich alles mit dem Sinnbild der Hand überprüfen. Sieh dir deine Hand an und gehe gedanklich deine berufliche Situation durch. Gibt es »rote Bereiche«? Wenn ja, welche? Gibt es Möglichkeiten, die »roten Bereiche« wieder »grün« werden zu lassen? Suche Lösungen und suche das Gespräch. Und denke immer daran: Gehen ist immer die letzte Lösung. Wenn alle Bereiche deiner »Hand« »grün« sind, dann passt es. Du hast deinen Traumjob!

Die Hand als Tool für Mitarbeitergespräche

Natürlich kannst du die Hand auch als Führungskraft einsetzen. Plane deine Mitarbeitergespräche nach einem gewissen Rhythmus. Gehe bei den Gesprächen mit deinen Kolleg:innen alle Punkte anhand der in diesem Buch vorgestellten Reflexionstechnik durch. Notiere dir »rote Bereiche« und erörtere gemeinsam mögliche Lösungen. Lege die besprochenen Punkte in einem Umsetzungsplan fest. Vereinbare gleich einen Folgetermin, an dem du mithilfe des Handbilds gemeinsam mit deinen Mitarbeiter:innen überprüfen kannst, ob und wie sich »rote Bereiche« verändert haben.

Ich bin mir sicher, durch die Reflexionstechnik mithilfe der Hand wirst du, egal, ob im Dienstnehmerverhältnis, als Führungskraft oder als Inhaber:in eines Unternehmens, einen neuen Zugang zu den Herausforderungen im Berufsleben finden und mit Gesprächen und Lösungen viele Situationen retten und ins Positive drehen können: Auf diese Weise erlebst du ein Comeback deines Traumjobs. **Give me five!**

DANK

Ein Buch zu schreiben, ist ein lebendiger Prozess. Zuerst gibt es eine Idee, die im Raum steht und mit der Zeit durch Gespräche und Überlegungen immer konkreter wird. Aber obwohl alles sorgfältig geplant wird, entwickelt sich während des Schreibens eine eigene Dynamik. Mal geht es schneller voran, dann wieder langsamer, man biegt von der eigentlichen Linie ab, kommt wieder zurück oder baut Passagen um oder völlig neu auf. Damit man am Ende doch das Ziel erreicht, braucht es Menschen, die einen während des Schreibens reflektieren, einem Impulse geben, zuhören und ja, auch einen motivieren. Denn der Weg bis zum fertigen Buch ist lang.

Auch wenn mein Name auf dem Cover steht, so ist dieses Buch keine One-Man-Show. Viele haben daran mitgewirkt, sei es durch Anregungen, Gespräche, Statements oder Knowhow. Mein Dank geht in erster Linie an meine Frau Yasmin. Sie hat mich maßgeblich inspiriert, unterstützt und so manches Mal motiviert. Zu erwähnen sind ebenso Jan Schäfer – ohne seine Schreibkünste wäre das Buch ein eher unverständlicher »Techniker«-Aufsatz geworden – und Susanne Picard – sie hat

DANK

während des gesamten Prozesses immer den externen Blick gewahrt und den Text hinterfragt. Ebenso möchte ich Walter Hämmerle danken für seine Inputs beim Lektorat. Unter den vielen Personen, die mich beeinflusst und somit zu diesem Buch beigetragen haben, möchte ich stellvertretend meinen Vorgesetzten Roland erwähnen. Danke, Roland, dass du mir so früh in meinem Berufsleben die wichtigen Dinge vorgelebt und mir so sehr die Augen geöffnet hast.

Ein großer Dank gilt auch meiner Familie, die stets an meiner Seite stand. Im Speziellen möchte ich meiner Nichte Mira danken. Danke, dass du mich aus der Komfortzone getrieben und maßgeblich motiviert hast, dieses Buch umzusetzen.

Die Zusammenarbeit mit allen Beteiligten funktionierte perfekt, obwohl sich etliche gar nicht kannten. Sie alle haben mitgeholfen, **Give me five!** auf den Weg zu bringen und zu realisieren. Besonders erwähnen möchte ich hier noch Kerstin und Philip Scheriau vom Verlag Kremayr & Scheriau – danke für Euer Vertrauen – sowie Ulrike Schrimpf für das Lektorat und das Team von der Agentur vielseitig für die ausgezeichneten Grafiken.

Danke!

REFERENZEN

Anmerkung: Sämtliche Links waren am benannten Abrufdatum der Quelle gültig.

1   Stangl, Werner: Selbstbestimmungstheorie der Motivation in: Internetseite Online Lexikon für Psychologie & Pädagogik, 2023, https://lexikon.stangl.eu/28413/selbstbestimmungstheorie-der-motivation, Abruf am 16.05.2024

2   Bonelli, M. Raphael: Perfektionismus – Wenn das Soll zum Muss wird; Droemer TB; 5. Edition (1. Oktober 2019), ISBN 978-3-629-13056-3, S. 62 ff.

3   Schulze, Ralf: Big Five Persönlichkeitsfaktoren in: Sektrum.de, Lexikon der Psychologie, 2000 Spektrum Akademischer Verlag, Heidelberg, https://www.spektrum.de/lexikon/psychologie/big-five-persoenlichkeitsfaktoren/2360, Abruf am 16.05.2024

REFERENZEN

4   Stein, Elmar: Das Hierarchiemodell von Leadership nach Collins für die Entwicklung von Führungskräften in: Management Journal der Deutschen Akademie für Management, 03. Januar 2019, https://www.akademie-management.de/management-journal/das-hierarchiemodell-von-leadership-nach-collins-fuer-die-entwicklung-von-fuehrungskraeften/, Abruf am 16.05.2024

5   Frankfurter Allgemeine Personal: Lebenslanges Lernen: In der Arbeitswelt 4.0 müssen sich Mitarbeiter persönlich weiterentwickeln, Ausgabe 06/2020, https://www.faz-personaljournal.de/ausgabe/6-2020/lebenslanges-lernen-in-der-arbeitswelt-4-0-muessen-sich-mitarbeiter-persoenlich-weiterentwickeln-1980/, Abruf am 16.05.2024

6   Kindler, Sebastian: Die moderne Arbeitswelt verlangt nach agiler Führung im Haufe Akademie Blog, 25.11.2021, https://www.haufe-akademie.de/blog/themen/fuehrung-und-leadership/moderne-arbeitswelt-agile-fuehrung/, Abruf am 16.05.2024

7   Stangl, Werner, Persönlichkeit, in: Internetseite Online Lexikon für Psychologie & Pädagogik, 2023, https://lexikon.stangl.eu/4512/personlichkeit, Abruf am 16.05.2024

8   Statistik Austria: Arbeitsort und Pendeln 2021, https://www.statistik.at/statistiken/arbeitsmarkt/erwerbstaetigkeit/arbeitsort-und-pendeln, Abruf am 16.05.2024

REFERENZEN

9 Bundesagentur für Arbeit: Pendelatlas Stand Juni 2022, https://statistik.arbeitsagentur.de/DE/Navigation/Statistiken/Interaktive-Statistiken/Pendleratlas/Pendleratlas-Nav.html#:~:text=In%20Deutschland%20wohnen%2034%2C173%20Millionen,sozialversicherungspflichtigen%20Besch%C3%A4ftigung%20nach%20Deutschland%20ein, Abruf am 16.05.2024

10 Stepstone: Stepstone Mobilitätsreport, 24.04.2018, https://www.stepstone.de/ueber-stepstone/press/mobilitaetsreport/ , Abruf am 16.05.2024

11 Bühler, Karl-Ernst, Priv.-Doz. Dr. med. habl. und Dipl.-Psychologe: Arbeitssucht in: Internetseite aerzteblatt.de, 2001; 98(8): A-463 / B-391 / C-365, https://www.aerzteblatt.de/archiv/26134/Arbeitssucht, Abruf am 16.05.2024

12 Laws, Brandon: More Important than Money | Recognition & Engagement in xenium Blog, 20.05.2013, https://xeniumhr.com/blog/culture/more-important-than-money-recognition-engagement/, Abruf am 16.05.2024

13 Harvard Business Manager: Geld ist nicht alles, 25.06.2020, ULR: https://xeniumhr.com/blog/culture/more-important-than-money-recognition-engagement/, Abruf am 16.05.2024

LITERATUR

Kapitel 1

Bonelli, M. Raphael: Perfektionismus – Wenn das Soll zum Muss wird; Droemer TB; 5. Edition (1. Oktober 2019); ISBN 978-3426301456

Ryan, Richard M. und Deci, Edward L.: Self-Determination Theory: Basic Psychological Needs in Motivation, Development, and Wellness; Guilford Press (6. November 2018); ISBN 9781462538966

Saum-Aldehoff, Thomas: Big Five – Sich selbst und andere erkennen; Patmos Verlag; 3. Auflage 2015 (22. Februar 2012); ISBN 9783843601948

Strelecky, John: The Big Five for Life – Was wirklich zählt im Leben; dtv Verlagsgesellschaft mbH & Co. KG; 39. Edition (1. Februar 2009); ISBN 9783423345286

Simek, Simon: Start with Why: How Great Leaders Inspire Everyone to Take Action; Penguin Publishing Group; Reprint Edition (27. Dezember 2011); ISBN 9781591846444

LITERATUR

Kapitel 2

Anderson, David: The Value Flywheel Effect: Power the Future and Accelerate Your Organization to the Modern Cloud; IT Revolution Press (8. November 2022); ASIN: B09V1RLRGG

Collins, Jim: Why Some Companies Make the Leap ... and Others Don't; Random House Business; 37. Edition (4. Oktober 2001); ISBN: 9780712676090

Deutsche Ausgabe: Der Weg zu den Besten: Die sieben Management-Prinzipien für dauerhaften Unternehmenserfolg; Campus Verlag; 2. Edition (16. Dezember 2020); ISBN: 9783593511573

Collins, Jim: Turning the Flywheel: A Monograph to Accompany Good to Great; Random House Business (28. Februar 2019); ISBN: 9781847942555

Deutsche Ausgabe: Das Schwungrad: Eine Begleitschrift zu »Der Weg zu den Besten«; Campus Verlag; 1. Edition (16. Dezember 2020); ISBN: 9783593514109

Greenleaf, Robert K.: The Power of Servant-Leadership, Berrett-Koehler Publishers; 1. Edition (4. September 1998); ASIN: B00L5JVLFS

Kühl, Stefan und Sua-Ngam-Iam, Phanmika: Holacracy: Funktionen und Folgen eines Managementmodells; Springer Gabler; 1. Aufl. 2023 Edition (23. Februar 2023), ISBN: 9783658401108

LITERATUR

Sieroux Sandra, Roock Stefan und Wolf, Henning: Agile Leadership, Führungsmodelle, Führungsstile und das richtige Handwerkszeug für die agile Arbeitswelt; dpunkt.verlag GmbH; 1. Edition (30. Juli 2020); ISBN: 9783864906961

Kapitel 3

Covey; Stephen M.R.: The SPEED of Trust: The One Thing That Changes Everything; Free Press; Reprint Edition (5. Februar 2008); ISBN: 9781416549000

Covey, Stephen R.: The 7 Habits of Highly Effective People; Simon + Schuster UK; Reissue Edition (19. Mai 2020); ISBN: 978-1471195204

Thompsen; Joyce A.: Achieving a Triple Win: Human Capital Management of the Employee Lifecycle; Routledge; 1. Edition (28. September 2009); ISBN: 9780415548359

Wall, Jennifer und Heinrich, Anika: The Team Roles Model According to Dr. Meredith Belbin; GRIN Verlag; 1. Edition (19. September 2016); ISBN: 9783668298088

Kapitel 4

Caldwell, Greg: Kanban: How to Visualize Work and Maximize Efficiency and Output with Kanban, Lean Thinking, Scrum, and Agile (Lean Guides with Scrum, Sprint, Kanban, DSDM, XP & Crystal); Alakai Publishing LLC (27. Januar 2020); ISBN: 9781951754471

Covey, Stephen R.: Die 7 Wege zur Effektivität: Prinzipien für persönlichen und beruflichen Erfolg (Dein Erfolg); GABAL; 59. Edition (10. Oktober 2018); ISBN: 9783869368948

Kapitel 5

Schwartz, Barry: The Paradox of Choice: Why More Is Less; Ecco; 1. Edition (6. Januar 2004); ISBN: 0060005688

WEITERE BUCHTITEL ZUR VERTIEFUNG ODER ZUR INSPIRATION

The Arbinger Institute: Leadership and Self-Deception: Getting Out of the Box; Berrett-Koehler Publishers; Expanded Edition (4. September 2018); ISBN: 9781523097807

Fritzsche, Thomas: Wer hat den Ball?: Mitarbeiter einfach führen; Verlag Herder; 1. Edition (14. Januar 2016); ISBN: 9783451613746

Purps-Pardigol, Sebastian: Führen mit Hirn: Mitarbeiter begeistern und Unternehmenserfolg steigern; Campus Verlag; 1. Edition (10. September 2015); ISBN: 9783593503394

Collins, Jim: Great by Choice: Uncertainty, Chaos and Luck – Why Some Thrive Despite Them All; Random House Business (13. Oktober 2011); ISBN: 9781847940889

Außerdem aus dem Programm des Kremayr & Scheriau Verlags

Elisabeth Gatt-Iro
Stefan Gatt

Love first, work second
Pfeif auf die Arbeit, lass uns lieben!

192 Seiten
978-3-7015-0620-0

**Wie Sie Stress und Frust im Büro lassen
und eine bewusste Beziehung leben**

Hand aufs Herz: Sind Sie manchmal so gestresst im Beruf, dass Sie Ihren Ärger mit nach Hause bringen? Sagen Sie zu oft: Ich muss das noch schnell erledigen, aber dann ...! Sind Sie außerhalb des Büros nur bedingt aufnahmefähig und Ihre Beziehung gerät ins Hintertreffen?

„Love first, work second" wendet sich an alle, die beruflich erfolgreich sind, und Liebe und Privatleben nicht (mehr) ihrem Beruf unterordnen möchten. Menschen, die beides wollen: Liebe und Karriere.

Elisabeth Gatt-Iro und Stefan Gatt zeigen Ihnen, wie Sie Ihr Leben so verändern, dass Beruf und Liebe nicht nur „irgendwie nebeneinander funktionieren". Die Autoren gehen noch weiter: Sie treten den Beweis an, dass eine gute Paarbeziehung Sie auch im Job vorwärtsbringt, weil Beziehungsfähigkeit mittlerweile zu den Schlüsselkompetenzen gezählt wird.

www.kremayr-scheriau.at

ISBN 978-3-218-01438-0

Copyright © 2024 by Verlag Kremayr & Scheriau GmbH & Co. KG, Wien

Alle Rechte vorbehalten

Umschlaggestaltung und Illustrationen: Michaela Bertschler, vielseitig.co.at

Typografie und Satz: Silvia Wahrstätter, buchgestaltung.at

Lektorat: Ulrike Schrimpf

Herstellung: vielseitig.co.at

Druck und Bindung: Finidr, s.r.o., Czech Republic